스타트업 브랜드 네이밍

이 책에 실린 모든 활동은 혼자 해도 좋지만 다른 이들과 협동할 때 마법 같은 효과를 발휘한다. 직장 동료와의 공동 창작 활동은 시너지를 극대화한다. 또한, 팀원과 머리를 맞대면 많고 다양한 아이디어를 얻는 동시에 더 좋은 결과를 빨리 얻을 수 있다.

이 점을 명심하며 이 책의 잠재력을 최대한 이용하길 바란다. 제공하는 프로세스와 도구를 잘 사용하면 분명 독창적이고 자랑스러운 브랜드 네임을 만들 수 있을 것이다.

스타트업 브랜드 네이밍

잘 팔리는 이름을 만드는 기술

제레미 밀러 지음 · 김지현 옮김

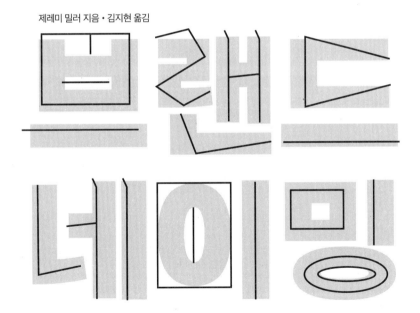

유엑스리뷰

잇지 못할
브랜드 네임을 위한

Brand

효과적인

단계별

New
Name

프로세스

제레미 밀러
JEREMY MILLER

Contents

제1부

모든 것은

이름에서
시작된다

잊지 못할 브랜드를 만들자

사업을 하는 사람에게 브랜드 네임을
만드는 것만큼 중요한 일은 없다.
좋은 브랜드 네임은 당신의 브랜드를
정의하고 사업의 성패마저 좌우한다.

모든 것에는 이름이 있는 법이다. 사물에 이름이 없다면 그것이 존재한다고 볼 수 있을까?

세상의 모든 기업가, 사업주, 마케팅 담당자가 최소한 한 번은 해야 하는 일이 있다. 바로 이름을 만드는 일이다.

네이밍은 꼭 거쳐야만 하는 업무의 한 부분이다. 사업을 시작하고, 상품을 만들고, 광고를 개시하고, 아이디어를 공유하려면 이름이 필요하다. 말 그대로 세상 모든 것에는 이름이 있다. 아기, 제품, 의약품, 책, 맥주, 신, 회사, 심지어 개나 고양이에게도 이름이 있다. 위의 예시는 아주 일부일 뿐이다. 분자, 항성, 국가, 도시와 장소, 전쟁, 사이비 종교 집단, 허리케인, 사건의 발생 원인, 교회, 법률에도 이름이 있다.

모든 것에는 이름이 있는 법이다. 사물에 이름이 없다면 그것이 존재한다고 볼 수 있을까?

네이밍은 사람들이 사는 세계를 이해하고 그 안에서 소통하는 방법의 가장 기본이 되는 필수 요소다. 《버자이너 모놀로그The Vagina Monologues》의 저자 이브 엔슬러Eve Ensler는 말한다. "네이밍은 항상 내 마음을 사로잡았어요. 사물에 이름을 붙일 수 있다면, 그 사물을 알아갈 수 있어요. 이름을 붙이면 그 사물을 길들일 수 있답니다. 내 친구가 되는 거죠."

세상 모든 것에 이름이 붙어 있는 만큼 살면서 네이밍만큼 중요한 결정을 할 일은 많지 않다. 하지만 한마디 해도 된다면, 네이밍만큼 짜증 나는 일도 없다!

제대로 읽은 게 맞다. 네이밍의 과정은 대개 끔찍할 정도로 힘들고 긴 시간이 소모된다. 좋은 브랜드 네임이 떠오를 때면 이미 다른 사람이 먼저 쓰고 있다는 점도 이 과정을 힘들게 만드는 데 한몫한다. 오랜 시간 고심해 떠올린, 그야말로 완벽하다고 생각했던 브랜드 네임을 누군지도 모르는 얼간이에게 뺏겼다고 생각하면 상상할 수 없을 만큼 절망스럽다.

뭐, 내가 아닌 다른 사람이 먼저 찾았다는 것까지는 인정하겠다. 그 완벽한 브랜드 네임을 상표 등록까지 마쳐 몇 년 동안 써 왔다는 사실도 잘 알고 있다. 하지만 그게 그 이름을 쓸 수 있는 자격이 있다는 뜻은 아니지 않은가. 내게 주면 더 잘 쓸 수 있는데. 망해버려라!

Brand in progress.

이렇게 몇 번 정도 있는 힘껏 성질을 부리고 나면 차분하게 현실과 타협할 수 있다. 이 브랜드 네임은 완벽하지만 내 것이 될 수는 없다. 다른 것을 찾아야 한다. 계속 연구하고 실험해 보며 이상적인 브랜드 네임을 찾아보자. 세상 어딘가에 분명 내가 찾는 브랜드 네임이 있다. 아직 발견하지 못했을 뿐이다.

미켈란젤로^{Michelangelo}(르네상스 시대의 이탈리아 조각가)는 이렇게 말했다고 한다. "모든 대리석의 내부에는 조각상이 있고, 그것의 참된 모습을 드러내는 것이 조각가의 일이다." 이것은 당신에게도 적용되는 말이다. 당신에게는 브랜드를 완벽하게 묘사할 브랜드 네임을 찾기 위해 열심히 고민할 의무가 있다.

네이밍을 하며 제일 힘든 부분은 당신의 브랜드를 대표하는 흥미로운 단어나 문구의 조합을 찾아내는 것이 아니다. 사실 이 부분은 제일 재밌고 쉬운 단계라고도 할 수 있다. 진짜 문제는 실제로 사용할 수 있는 브랜드 네임을 찾는 데 있다. 사용할 수 있는 브랜드 네임이 점점 줄어드는 탓에 오늘날만큼 브랜드 네이밍이 힘든 적은 또 없었다. 애플리케이션과 중소 기업이 매일 생겨나며 가속화되는 글로벌 경쟁은 적절한 브랜드 네임을 찾아 확보하려는 움직임을 폭발적으로 증가시키고 있다. 그에 따라 독특하고 설득력 있는 브랜드 네임을 찾는 데 겪는 어려움도 당연히 늘어나고 있다.

메리엄 웹스터^{Merriam-Webster} 사전에는 총 47만 개의 단어가 수록되어 있다. 사전의 0.7 퍼센트에 불과한 양의 단어들이 닷컴^{.com}이나 닷넷^{.net}의 주소로 쓰이고 있다는 뜻이다.

470,000

미국에는 2,960만 개에 달하는 **중소** 기업이 있다.

29,6
MILLION

456,976

2013년 12월, 알파벳 4개의 조합으로 만들 수 있는 45만 6,976개의 닷컴 도메인 네임이 모두 등록되었다.

543,000

매달 54만 3,000개 이상의 기업이 시장에 새롭게 진입한다.

342,4
MILLION

3억 4,240만 개에 달하는
도메인 네임이 최상위 도
메인에 등록되어 있다.

미국 중소기업청^{Small Business Administration}의 통계에 따르면 미국 내에만 2,960만 개 이상의 중소 기업이 있다. 더 믿기 어려운 사실은 매달 54만 3,000개 이상의 기업들이 새롭게 탄생한다는 것이다. 대부분은 살아남지 못하겠지만 시장으로 나오려면 일단 이름이 필요한 법이다!

기업들은 지금 인류 역사상 최초로 네이밍에 어려움을 겪고 있다. 쓸 수 있는 도메인과 상표 이름이 점점 귀해져 가는 것만 보아도 알 수 있다. 그 증거로 2013년 12월에는 알파벳 4개의 조합으로 만들 수 있는 닷컴 도메인 네임이 AAAA.com부터 ZZZZ.com까지 남김없이 등록되었다. 총 45만 6,976개의 조합이 모두 등록된 것이다. 알파벳 3개 조합의 닷컴 도메인 네임은 이미 1997년에 모두 등록되었다. 다섯 자리 조합의 도메인 네임이 모두 등록되기까지도 머지않았다.

미국 최상위 도메인 등록 기관인 베리사인^{Verisign}은 3억 4,240만 개에 달하는 도메인 네임이 최상위 도메인에 등록되어 있다고 밝혔다. 닷컴과 닷넷으로 끝나는 도메인은 총 1억 5,170만 개로, 전체의 44퍼센트를 차지하고 있다. 이런 와중에도 새 도메인 네임의 수요는 매년 늘어만 가는 추세다.

여기 더 놀라운 사실이 있다. 메리엄 웹스터 사전에는 총 47만 개의 단어가 수록되어 있지만, 사전에 존재하는 단어 중 단 0.7퍼센트에 불과한 단어들이 닷컴이나 닷넷의 주소로 쓰이고 있다. 인간이 단어를 발명하는 것보다 기업

amazon

MARS TROJAN®

PANDŎRA

들은 더 빠른 속도로 이름을 만들어 내고 있다는 뜻이다.

상표 또한 늘어나는 수요에 어려움을 겪고 있다. 미국 특허청 United States Patent and Trademark Office 은 2018년에만 36만 7,847개의 상표가 등록되었다고 밝혔다. 기업들은 사실상 언어 자체에 상표권을 주장하고 있는 것이나 마찬가지다. 트위터 Twitter, 스퀘어 Square, 애플 Apple 등 일상생활에서 일반적으로 쓰이는 단어들을 상업적 용도로 선출하여 상표 등록을 하는 것이 그 예다.

또 기업들은 앞에 예시로 든 일반적인 단어들을 넘어서 브랜드 네이밍의 역사를 아예 새롭게 쓰고 있다. 이미 예전부터 상표 이름으로 이용되어 온 그리스 로마 신화를 예로 들 수 있겠다. 비누부터 소프트웨어까지, 인간들이 자신들의 이름을 얼마나 다양하게 쓰고 있는지 들으면 신화 속 신들은 소스라치게 놀랄지도 모른다.

본격적으로 네이밍에 돌입하기 전부터 겁을 주거나 단념시키기 위해 이런 통계들을 보여주는 것이 아니다. 싫든 좋든 네이밍을 하기로 마음먹은 이상 이는 당신이 곧 마주하게 될 현실이기 때문에 알려주는 것뿐이다. 누군가 이미 찾았거나 사용하고 있지 않은 단어와 문구를 찾아야 하니 당연히 네이밍이 어려울 수밖에 없다.

효과적인 네이밍 프로세스가 갖춰지지 않은 상태로 당신의 브랜드에 꼭 맞는 브랜드 네임을 찾기란 하늘의 별 따기만큼이나 괴로운 법이다. 인터넷을 뒤지고 수많은 시간을 고민해도 그 결과가 실망스러울 때가 많다. 이 책의 활약은 바로 여기서 시작된다. 이 책을 통해 잊지 못할 브랜드 네임을 위한 효과적인 프로세스를 한 단계씩 따라해 볼 수 있을 것이다. 좋은 네이밍 아이디어를 떠올리기 위해 각 단계에서 무엇을 해야 하는지는 물론, 어떤 브랜드 네임이 대중의 마음에 가장 확실하게 와닿는지 테스트해 볼 수 있는 도구와 기술도 제공하겠다.

브랜드 네임이 어떻게 대중을 설득하고 마음에 깊게 자리잡는지 그 과정을 배워 보자. 우리에게 잘 알려진 브랜드들의 발단이 된 이야기도 들어 보자. 지금부터 네이밍 초보를 위한 실용적인 입문서인 이 책이 다양한 예시와 감동적인 이야기를 통해 자랑스러운 브랜드 네임을 만들 수 있도록 안내할 것이다.

이 책이 안내하는 여정을 열린 마음으로 포용하길 바란다. 브랜드 네이밍을 얼마나 잘하느냐에 따라 혁신적인 과정이 될 수 있다. 당신이 이 책에 실린 아이디어와 가이드를 따라서 잊지 못할 브랜드 네임을 만들 수 있음을 믿어 의심치 않는다.

전략이 나빴을 뿐,
나쁜 이름은 없다

네이밍에 대해 논할 때면 다들 하면 안 되는 금기 사항이나 '나쁜 이름' 하나씩은 언급하며 조언하려 든다. 확실히 말해 두지만, 이는 절대 사실이 아니다. 성공한 비즈니스가 성공한 브랜드를 만드는 법이지, 절대 그 반대로 작용하지는 않는다. 아무리 브랜드 네임이 중요하다고 해도 당신이 파는 제품이나 서비스가 성공을 거두지 못한다면 아무 의미가 없다. 더 쉽게 설명해 보겠다.

일부 브랜딩 전문가들은 브랜드 네이밍에서 철자 오기를 하는 것을 아주 심각한 중죄로 치부한다. 대표적인 사례로 닷컴으로 끝나는 도메인 네임을 쓰기 위해 모음을 누락시킨 사진 공유 사이트 플리커^{Flickr}가 있다. 플리커의 공동 설립자 카테리나 페이크^{Caterina Fake}는 이렇게 설명했다. "도메인 네임을 가지고 있던 플리커 맥주^{Flicker Beer}회사에서 소유권을 사들이려고 했지만 판매할 의사가 전혀 없더군요. 'Flicker'라는 브랜드 네임이 너무 좋은 나머지 알파벳 E를 빼고서라도 고수하기로 했습니다."

성공한 비즈니스가
성공한 브랜드를
만드는 법이지,

절대 그 반대가
되지는 않는다.

Aspirin Band-Aid **Bubble Wrap**
Cellophane **ChapStick** Crock-Pot
Dry Ice Dumpster **Fiberglass**
Flip Phone **Frisbee** Google **Hoover**
Laundromat **Memory Stick** Ping-
Pong **Popsicle** Realtor **Seeing Eye**
Dog Sheetrock **Styrofoam** Super
Glue **Superhero** Trampoline **Velcro**
Videotape **Windbreaker** Xerox
Aspirin Band-Aid **Bubble Wrap**
Cellophane **ChapStick** Crock-Pot
Dry Ice Dumpster **Fiberglass**
Flip Phone **Frisbee** Google **Hoover**
Laundromat **Memory Stick** Ping-
Pong **Popsicle** Realtor **Seeing**
Eye Dog Sheetrock **Styrofoam**
Super Glue **Superhero** Trampoline
Velcro Videotape **Windbreaker**
Xerox **Aspirin** Band-Aid **Bubble**
Wrap Flip Phone **Frisbee** Google
Hoover Laundromat **Memory**
Stick Ping-Pong **Popsicle**

자칫 값비싼 희생으로 보일 수도 있는 결정이었다. 전 소유자에게서 끝내 도메인을 사들이기 전까지 Flickr.com은 Flicker.com에게 매해 360만 명의 방문자를 뺏기고 있는 상태였다. 그렇다면 E를 빼고서라도 닷컴 도메인을 얻고자 한 노력에는 과연 그만한 가치가 있었을까? 답은 당연히 '그렇다'이다.

플리커의 창업자들은 자기들이 고른 네이밍 전략에 맞는 브랜드 네임을 선택해 성공적인 기업과 브랜드를 일구어 냈다. 이것이 네이밍의 관점에서 솔직하게 바라보는 브랜딩의 정수라고 할 수 있다. 브랜드 네임이 브랜드 자체를 의미하지는 않는다. 이는 단순히 브랜드가 추구하는 의미와 성공 요소가 함축된 혈관과도 같은 존재에 불과하다.

브랜드 네임이 성공적인지 알아보고 싶다면 두 가지 요소를 살펴보면 된다.

◆ **네이밍 전략:** 브랜드 네임이 당신이 추구하는 사업과 브랜드에 잘 어울리는가?
◆ **사업 성과:** 결과가 성공적인가?

브랜드 네임이 잘 어울리는 기업이 성공적으로 번창하면 자연스럽게 특정한 유행이 시작되기도 한다. 플리커가 알파벳 E를 뺀 것이 바로 그 유행의 시작이었다. 조금이라도 성공에 가까워지고 싶은 사람들은 곧잘 성공한 기업의 브랜드와 브랜드 네임을 따라 하기도 한다. 모방을 당하는 기업으로서는 명예로운 일이지만 흉내만으로는 성공할 수 없다. 멋진 브랜드를 만들고 싶다면 그만큼 멋진 사업으로 뒷받침해 주어야 한다. 결국, 성공만이 또 다른 성공을 낳는 법이다.

애플은 그 자체로 멋진 브랜드 네임이지만, 이것이 성공적인 기업을 대표한다는 점이 가장 중요하다. 스타벅스 Starbucks, 캐터필러Caterpillar, 버진 그룹Virgin도 마찬가지다. 별볼 일 없는 기업이었다면 누구도 그들의 브랜드 네임을 예찬하지는 않았으리라.

브랜드 네임이 브랜드를 성공적으로 만들지는 않지만, 브랜드가 경쟁 우위를 확보하고 시장에서 돋보일 수 있도록 도움을 주는 것은 사실이다. 네이밍에 신중하게 임해야 하는 이유가 바로 여기 있다. 데이비드 아커David Aaker는 저서 《데이비드 아커의 브랜딩 정석Managing Brand Equity》에서 이렇게 설명한다. "이름은 일단 자리를 잡으면 경쟁자들에게 커다란 진입 장벽으로 작용할 수 있다. 벨크로Velcro, 포마이카Formica, 코닥Kodak 같은 브랜드 네임이 가지는 힘을 생각해보자. 실제로도 이름은 방어하기 까다롭고 비용도 많이 드는 특허보다 더 유용하게 쓰인다." 이름에는 많은 가치가 담겨 있고, 좋은 브랜드 네임은 당신의 브랜드를 정의하고 사업의 성패마저 좌우한다.

브랜드 네임의 성공 여부는 얼마나 보편화되어 쓰이는지에 달려 있다. 사람들은 인터넷에 검색한다고 하는 대신 구글링^{Googling}한다고 표현하고, 택배를 보낸다고 하는 대신 페덱스^{Fedex}한다고 표현한다. 우리의 생활 속에도 자연스럽게 제품의 대명사처럼 쓰이는 브랜드 네임이 가득하다. 버블랩$^{bubble\ wrap}$, 런드로맷^{laundromat}, 윈드브레이커^{windbreaker} 등의 상용어들도 원래는 브랜드 네임에서 비롯되었다.

브랜드가 유명해질수록 브랜드 네임은 특정 카테고리의 원래 이름을 대신하게 된다. 이 경우, 브랜드의 인기와 브랜드가 대표하는 기능이 결국 카테고리와 같은 의미를 지니게 된다. 어느 시점에는 실제 카테고리 네임보다 주요 브랜드 네임을 댈 때 특정 상품을 찾기가 더 쉽다.

물론 모든 브랜드 네임이 특정 제품군의 대명사처럼 쓰이게 되는 것은 아니지만, 일단 제품의 대명사로 자리잡으면 엄청난 브랜드 자산과 경쟁 우위를 선점할 수 있다. 현시점에서 구글^{Google}을 대신할 새로운 검색 엔진을 상상할 수 있겠는가? 검색 시장은 구글에게 점유당했고, 브랜드 네임이 구글의 자리를 굳건히 지지해 준다. 이것이 당신의 브랜드라면 어떻겠는가? 당신의 브랜드 네임이 일상 생활에서 쓰이는 단어로 자리잡는다면 어떨지 상상할 수 있겠는가?

브랜드 네임이
가장 오래 살아남는다

네이밍을 잘해야 한다! 브랜드 네임은 아주 오랜 시간 동안 역사에 남는다. 당신의 기업이 변하고, 고객이 변하고, 심지어 상품이 변해도 브랜드 네임만은 그대로 남는다. 회사에서 가장 오래 살아남는다고 해도 과언이 아니다.

우리가 일상생활에서 마주하는 많은 브랜드에는 대개 긴 역사가 있다. 콜게이트Colgate를 예로 들어보자. 이 브랜드가 처음부터 구강 건강 제품의 선두 주자였던 것은 아니다. 콜게이트는 윌리엄 콜게이트William Colgate가 전분, 비누, 양초를 만들기 위해 1806년에 설립한 회사였다.

윌리엄의 지도 아래 회사는 빠르게 번창했고, 그는 곧 뉴욕에서 가장 부유하고 잘 베푸는 사업가로 명성을 떨쳤다. 1857년, 윌리엄이 죽자 회사는 그의 아들 사무엘 콜게이트Samuel Colgate에게 넘어갔다. 콜게이트가 치약 사업에 뛰어든 것은 바로 이때다.

1873년에 출시된 최초의 치약 콜게이트는 오늘날 우리가 아는 치약과는 완전히 달랐다. 그 당시의 치약은 병에 담긴 가루 형태로 팔렸다. 치약이 튜브에 담겨 판매되기

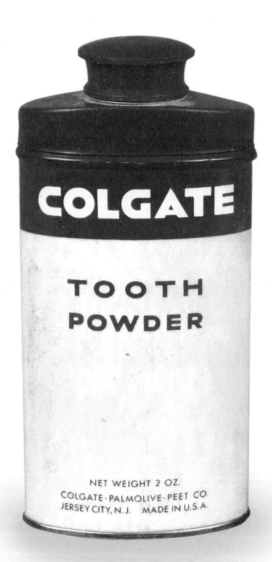

까지는 그 후로 23년이라는 시간이 걸렸다. 콜게이트 최초의 치과용 페이스트는 '콜게이트 표 리본 덴탈 크림Colgate's Ribbon Dental Cream'이라는 이름으로 출시되었다. 패키지에는 이렇게 적혀 있었다. "안전하고 효과적인 세치제로 하루 2번 양치하는 습관을 쉽게 들이세요. 하루에 2번 양치하는 것만으로 치과 진료 횟수를 1년에 2번으로 줄일 수 있습니다."

치약이 처음 출시된 지 35년이 지난 1908년에서야 콜게이트는 본격적으로 치약의 대량 생산과 판매에 돌입했다. 바쁘게 돌아가는 마케팅 시장과 매일 쏟아져 나오는 신제품의 세계에서 35년은 사람으로 치면 일평생과도 같은 긴 시간이다. 그러나 콜게이트는 개척자 정신으로 새로운 분야를 이끌어 냈다. 오늘날 콜게이트는 45퍼센트에 달하는 세계 시장 점유율을 자랑하는 구강 관련 제품 부문의 선두 주자로 활약하고 있다. 소비자 조사 회사 칸타 월드패널Kantar Worldpanel에 따르면 "콜게이트는 전 세계 인구의 절반 이상이 선택한 유일한 브랜드로, 무려 62퍼센트의 시장에 침투한 상태"이다.

200년이 넘는 시간이 지나며 콜게이트의 주력 상품은 변했지만, 브랜드 네임만은 변하지 않았다. 비즈니스는 변하지만 이름은 변하지 않는다. 브랜드 네임은 기업을 과거와 이어주는 단 하나의 변치 않는 가치.

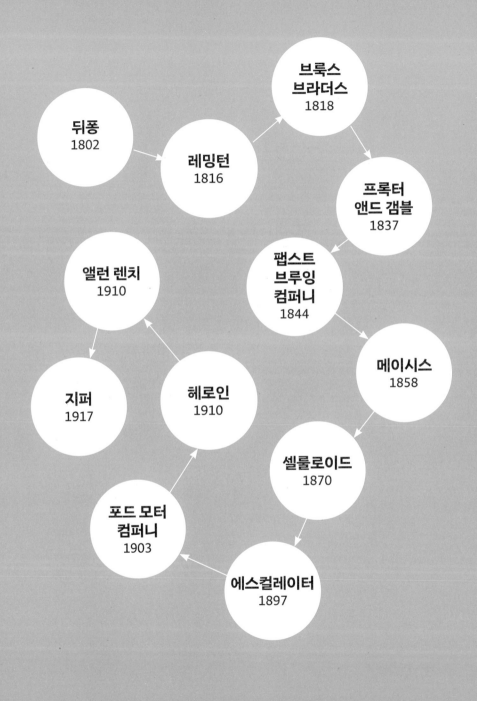

이름은 의미를
전달한다

〈심슨 가족^{The Simpsons}〉의 인상 깊은 명장면 중 하나를 소개하겠다. 운영하던 원자력 발전소를 잃고 재산도 잃은 번즈 씨^{Mr. Burns}는 보통 사람들처럼 직접 장을 봐야 하는 상황에 처하게 된다. 장을 보러 온 번즈 씨는 진열대 사이에 서서 당혹스러운 표정으로 똑같이 생긴 병 두 개를 번갈아 쳐다 본다. 하나에는 '케첩^{ketchup}', 다른 하나에는 '케첩^{catsup}'이라고 쓰여 있다. "케첩……. 케첩. 케첩……. 케첩. 케첩……. 케첩." 앓는 소리를 내던 번즈 씨는 곧 웅얼거리며 말한다. "감당이 안 되는군."

사람들은 제품을 브랜드 네임으로 기억하는 편이다. 보통 마트의 모든 제품을 일일이 신중하게 살펴보기보다는 이미 브랜드 네임을 알고 있는 물건을 사는 경우가 많다. 빨래 세제 하나를 사더라도 항상 쓰는 익숙한 세제를 사게 된다. 어떤 세제를 살지 심각하게 고민해 본 적이 없으리라는 사실만은 장담한다. 사람들이 매일 내리는 무수한 결정들은 이런 식으로 일어난다. 한 번 마음에 들고 믿

을 수 있게 된 제품은 두 번 생각할 필요 없이 꾸준히 구매
하기 마련이다.

패키지에 적혀 있는 단순한 제품명들은 우리가 매일
내리는 구매 결정의 과정과 깊은 연관이 있다. 제품 하나
를 오래 쓰며 쌓인 경험을 통해 기능과 이점을 꿰고 있을
수도 있지만, 다들 결국 브랜드 네임으로 제품을 특정한다.
당신은 브랜드 네임을 통해 특정 제품을 알아보고 분류하
고 기억한다. 브랜드 네임이야말로 브랜드를 이루는 초석
과도 같고, 기업들도 이를 너무나 잘 알고 있다.

이것은 마치 파일로 가득 찬 마음속 폴더에 붙여 놓은
인식표와 같다. 인식표들은 한 단어나 구로 이루어져 있어
그 중요성을 간과하기 쉽다. 그러나 마음속의 폴더에는 좋
든 나쁘든 그동안 특정 브랜드를 사용하며 쌓인 경험과 기
록이 모두 저장되어 있다. 제품에 대한 지식과 브랜드를
사용하며 느낀 감정과 기분이 고스란히 들어있는 것이다.
여기서 인식표는 브랜드 네임과 같고, 브랜드 네임은 너무
나도 중요한 기능을 담당하고 있다.

이름 자체가 언어의 핵심 개념과도 같기에 잘 지은 브
랜드 네임이나 회사명은 브랜드나 회사가 의도한 창립 의
도를 훨씬 초월하기도 한다. 이름은 길을 안내하고 당신
이 살아가는 세상을 이해하고 소통하도록 돕는다. 예를 하
나 들어보자. 천문학자들과 물리학자들이 "중력으로 완전
히 붕괴된 물체"로도 알려진 우주의 기이한 현상을 연구하
던 때가 있었다. 수명을 다하고 폭발하는 항성은 중심부로

잘 만든 브랜드 네임은 마치 시와 같다. 두어 개의 단어만으로 회사와 상품과 아이디어의 핵심을 짚어내고, 단순한 문구에 무수히 많은 의미를 담아낼 수 있다.

주변의 물질을 끌어당기고, 이는 중력 붕괴를 일으킨다. 붕괴가 심하게 일어나는 몇몇 경우에는 앞서 말했던 중력으로 완전히 붕괴된 물체가 생긴다. 이 물체에서 발생하는 강력한 중력의 효과는 우주에 빛의 입자나 전자조차 빠져나갈 수 없는 공간을 만들어 낸다.

이 "중력으로 완전히 붕괴된 물체"는 역사상 가장 뛰어났던 과학자들의 마음을 사로잡았다. 알베르트 아인슈타인Albert Einstein, 로버트 오펜하이머J. Robert Oppenheimer, 조지 볼코프George Volkoff와 같은 과학자들이 이 현상의 근원과 이유를 밝히기 위해 연구에 힘썼다. 무한한 가능성으로 가득한 매력적인 분야의 학문이었지만, 소수의 전문가만이 현상의 어려운 개념을 논할 수 있었다. 미국의 이론 물리학자 존 휠러John Wheeler가 마침내 블랙홀Black hole이라는 이름을 떠올리기 전까지는 그랬다.

휠러 박사는 단 두 단어만으로 복잡한 개념을 설명했다. "블랙홀"은 발음하기도 쉽고 기억하기도 쉬웠다. 단어 자체로 블랙홀의 본질을 잘 묘사해 과학을 전혀 모르는 사람도 눈앞에 그 형상을 그려볼 수 있게 되었다.

네이밍은 이름이 있는 대상을 실재하게 만든다는 점에서 마법과도 같이 황홀한 일이다. 이름이 있는 대상은 흐릿한 형태를 벗어나 구체적인 모습을 띠게 된다. 사람들이 이해하고 공유하고 논할 수 있는 무언가가 되는 것이다. 나는 바로 여기서 이름이 가지는 의미에 매료되었다. 회사나 상품에 이름을 붙이는 데에만 급급해하기 전에, 이름은 정보를 공유하는 데 있어서 가장 기본적인 필수 요소라는 사실을 기억하자. 이름을 통하지 않고서는 세상을 살아가거나 생각을 공유할 수 없다. 우리가 가진 아이디어들은 이름이 붙고 나서야 다른 이들과 공유 가능한 편리한 크기로 자리잡을 수 있다.

상품의 이미지를 구축하는 데 네이밍만큼 강력한 도구는 없다. 이름이 없으면 선하고자 하는 바를 전할 수 없다. 사람들은 당신이 고른 브랜드 네임을 통해 당신의 브랜드와 상품 가치를 이해한다. 당신의 사업이 함축한 의미와 경험이 이름에 모두 담겨 있다. 그러니 이름을 잘 선택하는 것이 무엇보다 중요하다.

BLACK
HOLE

브랜드 네이밍을
해치우자!

네이밍이 힘든 이유 중 하나는 적당한 도구와 프로세스의 부족함 때문이다. 사람들은 시대에 뒤떨어진 사고방식을 기준으로 생각하고 있다.

보통 기업들이 네이밍을 하는 방식에는 그들 스스로 직접 진행하거나, 전문 업체에 외주를 맡기거나, 크라우드 소싱Crowd Sourcing(대중들의 참여를 통해 솔루션을 얻는 방법)에 의존하는 선택지가 있다. 모두 좋은 방법이지만 나는 당신의 팀이 함께 일할 때 발현되는 힘이 가장 강력하다고 생각한다.

나는 전혀 예상하지 못한 장소에서 우연히 직장 내 공동 창작 활동의 힘을 발견하게 되었다. 첫 책《스티키 브랜딩Sticky Branding》출간 후, 나는 콘텐츠 마케팅을 주제로 한 실험에 돌입했다. 어디선가 콘텐츠가 가득한 장문의 포스트는 시간이 지날수록 구글 같은 검색 엔진 안에서 빛을 발한다는 이야기를 들은 적이 있었다. 잘 쓰인 장문의 글은 한 번에 많은 관심을 끌지는 않지만 1~2년의 세월이 지남에 따라 짧은 포스트보다 훨씬 많은 웹 트래픽을 유도할 수 있다는 가정이었다.

일단 시도해 보았다. 나는 브랜드 심벌, 브랜드 마스코트, 브랜딩에 쓰이는 은유적 표현, 브랜드 네이밍 각각을 주제로 다룬 장문의 포스트 4개를 준비했다. 평소에 쓰는 포스트가 500자 내외였다면 실험을 위한 포스트는 2,500자를 훌쩍 넘겼다. 결론부터 말하자면, 가설은 성공적으로 증명되었다. 2018년, 4개의 포스트는 스티키 브랜딩 웹 사이트의 전체 방문 횟수 중 13.34퍼센트를 기록했다. 700여개 이상의 포스트가 있는 웹 사이트에서 2015년에 쓰인 단 4개의 포스트가 만들어 낸 놀라운 결과였다.

여기서 잠깐! 나의 나쁜 버릇 중 하나는 콘텐츠를 제작하고 돌아서면 금방 잊어버리고 만다는 것이다. 나는 최소한 일주일에 한 번씩은 꾸준히 글을 쓰지만, 항상 눈앞에 있는 주제에만 집중하는 버릇이 있다. 실험에 쓰인 포스트도 예외는 아니었다. 글을 올린 지 1년이 지나자 실험은 까맣게 잊혀버렸다. 눈에서 멀어지면 마음에서도 멀어진다고 했던가. 어느 날 걸려온 전화 한 통을 받기까지는 분명히 그랬다.

2016년 중반쯤부터 브랜드 네이밍을 의뢰하는 문의가 들어오기 시작했다. 첫 의뢰인은 화장품 회사로, 새로 출시되는 피부 관리 제품의 네이밍을 요청해 왔다. 조금 당황스러웠다. 내 웹 사이트 어느 곳에도 네이밍 서비스를 제공한다는 내용을 기재한 적이 없었기 때문이다. 나는 제안을 거절해야만 했다. "죄송하지만 저희는 네이밍 서비스를 제공하지 않습니다."

그러나 이런 요청은 계속해서 들어왔다. 6건의 의뢰를 더 받고 나서야 내 사업가 감각에 불이 켜졌다. 무슨 일이 일어나고 있는 거지? 사람들은 무슨 계기로 나에게 네이밍을 부탁하는 걸까?

웹 트래픽을 자세히 들여다보고 나서야 방문자들이 콘텐츠 마케팅 실험을 위해 썼던 포스트를 타고 내 웹 사이드에 집속한다는 사실을 깨달았다. 내 포스트가 구글 '브랜드 네이밍' 키워드 부문의 검색 순위 1위에 올라 매달 수천 명의 새로운 방문자를 유입시키고 있었던 것이다. 아주 우연히 모두에게 필요한 것이 무엇인지 발견한 셈이었다. 누구나 살면서 최소한 한 번쯤은 무언가에 이름을 붙여야 하지 않는가?

나는 곧 소수의 고객을 시작으로 브랜드 네이밍 시장에 진출할 준비를 시작했다. 확실히 즐거운 작업이었지만 시간 소모가 너무 컸다. 얼마 지나지 않아 맡고 있는 프로젝트들이 점점 힘에 부쳤고, 계속해서 밀려들어 오는 의뢰를 감당하기 어려웠다. 멋진 프로젝트들을 시간이 없다는 이유로 거절해야 하는 것이 가장 마음 아팠다.

이러한 고충을 들은 직장 동료들은 내게 성장세를 보이는 산업 분야의 기업들을 전문으로 지원하는 투자자 그룹을 소개해 주었다. 투자자들은 내 아이디어와 자료에 열광했다. 확실히 브랜드 네이밍의 수요 자체도 방대했고, 투자자들은 브랜드 네임에 기반한 브랜드 마케팅에도 커다란 관심을 보였다. 그들은 거의 모든 주요 브랜딩 프로젝트가 네이밍에서 시작한다고 믿었다. 일단 브랜드 네임이 정해지면 그때부터 본격적인 브랜드 마케팅이 시작되는 것이다.

결론부터 말하자면 내 사업은 처음 그렸던 구상과 형태를 달리해야 했다. 나와 투자자들은 네이밍 프로젝트를 이루는 수익 모델에 동의하지 않았다. 결국, 네이밍 대행사를 만드는 대신 기업들이 어떻게 네이밍 관련 이슈를 스스로 해결하도록 도울 수 있는지 고민했다. 브레인스토밍 회의를 소집하고 칠판에 이렇게 썼다. '직원들의 창의력을 깨워라.'

내가 하고자 했던 말이 바로 이거다! 이 간단한 문구는 혁신적이었다. 기업 외부에 눈을 돌리기보다는 기업 내부의 재능 있는 직원들을 눈여겨봐야 한다. 당신과 직원들만큼 회사의 네이밍 과제를 더 잘 해결할 수 있는 외부인은 없다. 당신의 사업과 브랜드는 당신이 가장 잘 알고 있다. 당신만큼 고객들을 잘 파악하고 있는 사람은 없다. 여기에 당신이 지닌 엄청난 창의력까지 더해 보자.

브랜드 네이밍 프로세스는 직장 내 공동 창작 활동의 힘에 기반을 두고 있다. 기업들이 광고 대행사와 네이밍 전문가를 섭외하는 이유는 단순하다. 더 창의적이고 뛰어난 네이밍 전문가가 기업 외부에 있다고 믿기 때문이다. 그러나 현실은 다르다. 모든 기업에는 창의적인 인재가 있지만, 대부분은 그 사실조차 모른다. 다들 자기 업무를 보느라 바쁘거나 본인 안에 내재한 창의력을 인지하지 못한다. 학교와 직장과 일상생활에서 겪는 다양한 문제들은 사람들이 창의적이지 못하거나 창의적인 생각을 할 틈이 없다고 세뇌하기에 충분하다. 이 얼마나 큰 비극인지! 모든 사람은 태어날 때부터 창의적이다. 창의력은 예술이나 디자인을 통해서 뿐만 아니라 아이디어를 떠올리고 문제를 해결하는 능력으로도 발현된다. 꼭 거창한 것만이 창의력은 아니다. 당신도 충분히 창의력을 발휘할 수 있다. 지금부터 그 방법을 보여 주겠다.

이 책에서 소개하는 방법론은 애자일 개발 방법론Agile software development, 디자인 씽킹Design Thinking, 스프린트 프로세스Sprint에서 영감을 받아 쓰였다. 직장 내 공동 창작 활동을 탐구하던 나는 제이크 냅Jake Knapp의 저서 《스프린트Sprint》를 접할 수 있었다. 눈이 뜨이는 경험이었다. 저자는 구글벤처스Google Ventures가 래피드 프로토타이핑rapid prototyping을 이용해 새 제품과 서비스를 개발하는 과정을 자세하게 공유했다. 구글벤처스 웹 사이트에서는 "스프린트는 아이디어의 디자인, 프로토타입 제작, 사용자 테스트를 통해 5일 안에 중대한 비즈니스 문제를 해결하는 프로세스"라고 설명한다.

누구에게나 특별한 책 한 권이 있듯이, 나에겐 가장 필요할 때 접한 《스프린트》가 깊은 감명을 주었다. 그래서인지 이 책은 확실히 《스프린트》의 영향을 많이 받았다. 나는 이미 여러 곳에서 효과가 검증된 방법론과 기발한 아이디어를 결합해 이상적인 브랜드 네이밍 프로세스를 창출하고자 했다.

2부에서는 브랜드 네임을 위한 모든 것을 다룰 것이다. 이 책은 2주에서 4주 안에 브랜드 네임을 만드는 3단계 프로세스를 유용한 활동, 도구와 함께 소개한다.

1. **계획: 네이밍 전략을 정립하자**
2. **돌입: 네이밍 아이디어를 최대한 많이 떠올리자**
3. **선택: 테스트를 통해 알맞은 브랜드 네임을 고르자**

네이밍의 대상이
무엇인가?

여기까지 읽으며 내가 '브랜드'라는 용어를 꽤 느슨하게 사용한 것을 눈치챘을 것이다. 아무래도 회사, 제품, 서비스 등 이름이 필요한 모든 상업적 기업에게는 다소 두루뭉술하게 느껴질 수 있어서다. 그저 '브랜드'라는 용어에 너무 제약을 받지 않았으면 하는 마음에 일부러 이런 결정을 내렸다.

당신에게는 네이밍할 대상을 고를 선택권이 있다. 이 책을 통해 당신의 회사, 제품, 서비스에 이름을 붙여 보자. 그러나 단순히 위의 예시를 벗어나, 말 그대로 어떤 대상이든 골라 네이밍을 해 보자. 그 대상의 가치를 공유하고 싶다면 이름을 붙여 주자.

빈칸을 채워 보자: "＿＿＿＿＿＿ 을/를 네이밍하자!"

빈칸은 당신이 네이밍할 대상이다. 여기서부터는 편의를 위해 '브랜드'라는 단어를 네이밍하려는 대상의 약칭으로 쓰겠다. 내가 당신을 위해 이 책을 쓰고 있음을 기억해 주길 바란다.

을/를 네이밍하자!

기업	책	맥주
제품	교회	칵테일
서비스	동기	레시피
캠페인	팀	장소
상품 카테고리	웹 사이트	건물
SNS 계정 아이디	산업	강의
전략적 계획	#해시태그	게임

새로운 이름을 떠올려야 할 때마다 이 책을 펼쳐 보라.

STORY

K Kodak

Kodak

Ford

what's our
origin story?

STORY

○ wh
○ ho
○ ho

UNCOVER WHAT
YOU'RE WORKING
TO CREATE.

★ avoid
using cliches **Story Arc**

ACT I
Beginning

ACT II
Middle

ACT III
End

CRISIS

CLIMAX

START

END

★ THE OPPO
TO TELL A

"ONE ~~STOP~~ SHOP"

APPLE

SHAPE YOUR
BUSINESS
STRATEGY

follow your
instincts.

브랜드
네이밍은
전략적이다

브랜드 네임을 고른다는 것은
브랜드를 통해 어떤 이야기를
들려줄 것인지 고른다는 뜻이다.

브랜드 네임은

이야기를 들려줄

좋은 기회이다.

사랑을 나누는 주말

브랜드 네임은 이야기를 들려줄 좋은 기회이다.

2003년, 호텔 애호가를 위한 여행 클럽 미스터 앤 미세스 스미스Mr. & Mrs. Smith를 설립한 제임스James와 타마라 로한Tamara Lohan은 사람들에게 자신들의 특별한 이야기를 들려주고 싶었다. 익스피디아Expedia, 트레블로시티Travelocity, 호텔스닷컴Hotels.com 같은 대형 여행 사이트들은 유익하지만, 다소 사무적인 면이 있어 방문자 개인의 세세한 욕구를 만족시켜주지는 못했다. 로한 커플은 클럽 회원들에게 아주 색다른 경험을 선사하고자 했다.

언젠가 제임스와 타마라를 만나 그들이 설립한 브랜드에 관해 물어볼 기회가 있었다. 나는 정말 멋진 설립 일화를 들을 수 있었다. 브랜드의 탄생은 어느 형편없는 휴일 주말에서 시작되었다. 아직 결혼하기 전의 제임스는 타마라에게 감동을 줄 좋은 기회만 엿보고 있었다. 그는 곧 영국에서 가장 로맨틱하기로 유명한 레이크 디스트릭트Lake District에 위치한 스파 시설을 예약했다. 레이크 디스트릭트의 풍경은 마치 엽서 속의 풍경처럼 아름답다고 전해진다. 제임스는 여행 책자를 참고해 주말 동안 머무를 스파 호텔을 예약하고 타마라와 길을 떠났다.

제임스가 '호화 스파'라는 단어를 다르게 이해한 것일까? "현대적인 동양 스타일 스파를 예약했다고 생각했는데, 막상 도착해 보니 그게 아니더라고요." 뒤이어 이렇게 말했다. "공공 체중계와 혈압 측정기가 갖추어진 수수한 요양원 같은 시설이었어요. 식당 메뉴에는 술도 없었고 환자들을 위한 요양식 같은 음식들만 있었죠."

실망은 여기서 그치지 않았다. 그날 밤, 제임스와 타마라는 호텔 안에 있는 격식 있는 식당을 찾았다. 그날을 회상하며 제임스가 말한다. "우리는 멋지게 차려입었는데 정작 다른 사람들은 목욕 가운 차림으로 식당에 앉아있더군요." 웩! 둘은 목욕 가운을 입은 사람들에게 둘러싸여 건강식이나 먹고 싶지 않았다. 양껏 먹으며 휴가 기분을 내고 싶었던 커플은 호텔을 박차고 나와 수 마일 떨어져 있는 근처 술집으로 향했다.

기름진 식사에 맥주를 각자 한 피처씩 마시며 그들은 사업 아이디어를 떠올렸다. 식사 내내 서로에게 질문이 그치지 않았다. 커플들에게 최고의 호텔을 고를 수 있는 팁을 제공하는 여행자 클럽이 있다면 어떨까? 호텔 마케팅 팀이 보여주는 한정된 정보뿐만 아니라 실제로 호텔을 이용한 고객의 후기와 사진을 제공할 수 있다면 얼마나 좋을까? 그날 저녁, 그들은 식사를 마치며 중대한 결정을 내렸다. "우리가 호텔에서 중요하게 생각하는 점만 모아 우리만의 호텔 가이드를 써 보자."

사업 아이디어 자체는 최고였지만 일단 가장 먼저 해결해야 하는 문제가 있었다. 가이드북의 네임이 필요하다는 것이었다. 기업가이자 마케팅 전문가인 제임스는 이렇게 말했다. "어느 회사든지 네이밍이 가장 중요합니다. 훌륭한 브랜드 네임은 사람들의 감정을 불러일으키는 동시에 브랜드를 떠올리도록 도와주죠."

제임스는 책의 디자인을 위해 영국 광고 대행사 블룸Bloom의 CEO로 활동하는 친구 벤 화이트Ben White를 고용했다. 몇 주 동안이나 머리를 맞대고 고민하던 어느 날, 이미 술을 잔뜩 마신 벤이 점심을 먹다 말고 말했다. "책이 뭐랄까, 미스터 앤 미세스 스미스 같은 느낌이야."

영국에서 '미스터 앤 미세스 스미스'는 사람들이 사랑을 나누는 주말을 뜻했다. 아주 오래전부터 존재했지만 제2차 세계대전이 끝난 후에 더 유명해진 용어였다. 전쟁 직후는 모두에게 활기 넘치는 시간이었다. 연합국이 전쟁에서 승리하고, 군사들은 그리운 집으로 향해 가족들과 다시 일상을 살아갈 준비를 했던 시기였다. 당시의 흥겨운 분위기가 베이비 붐 세대의 엄청난 인구수의 이유일지도 모른다.

"어느 회사든지 네이밍이 가장 중요합니다.
훌륭한 브랜드 네임은 사람들의
감정을 불러일으키는 동시에
브랜드를 떠올리도록 도와주죠."

불행히도 당시 영국의 성적 감수성은 아직 시대에 뒤떨어져 있었다. 로맨틱한 주말을 보내기 위해 호텔에 들른 젊은 커플들은 익명성을 위해 방명록에 '미스터 앤 미세스 스미스'와 같은 필명으로 흔적을 남겼다. 이는 결국 하나의 유행이 되어 유럽 전역에 퍼지기에 이르렀다. 프랑스에서는 '무슈와 마드무아젤 뒤퐁Monsieur et Mademoiselle Dupont'이라는 호텔 필명이 유행했고, 이탈리아에서는 로시Rossi, 스웨덴에서는 요한손Johansson이라는 필명이 유행했다.

벤이 정식으로 아이디어를 소개하자마자 로한 커플은 적극적으로 브랜드 네임을 수용했다. 제임스는 이렇게 말했다. "아주 딱 맞았어요. 계속 다른 이름을 고민하긴 했지만 이보다 더 좋은 이름은 없음을 직감했죠." 미스터 앤 미세스 스미스만큼 로한 커플이 대중에게 들려주고 싶은 이야기를 더 완벽하게 보여주는 브랜드 네임은 없었다. 그들은 이 책을 실제 고객들이 제공하는 솔직한 후기로 가득 찬 아름다운 디자인의 가이드로 만들고 싶었다. 외설적으로 들릴 수도 있는 이 제목이 로한 커플이 추구하는 브랜드의 이미지를 정확히 잡아냈다.

브랜드 네임의 문제가 해결되자 또 다른 문제가 찾아왔다. 출판 기획을 들은 출판사들의 반응이 미지근한 것이었다. 제임스는 이렇게 말했다. "찾아갔던 모든 출판사에게 거절당했어요. 다들 우리의 아이디어가 형편없다고 말했죠." 그러나 제임스와 타마라는 포기하지 않았다. 기획에 확신이 있었던 둘은 모험을 하기로 했다. 살던 집을 담보로 대출받고, 지인과 가족들에게서 투자금을 빌려 180,000유로를 마련했다. 그들은 어떻게 해서든 자신의 힘으로 출판을 현실로 만들고 싶었다.

로한 커플은 초기에 겪었던 거절의 경험을 더 혁신적인 프로젝트를 위한 촉매제로 삼아 일에 매진했다. 제임스는 "출판 업계에 내려오는 모든 규칙을 깨뜨렸습니다. 출판시가 거질했던 모든 조선을 다시 수용했죠."라고 말했다. 디자인과 품질을 예로 들어보자. 부부는 오프셋 용지 offset paper(일반 용지보다 얇고 전단이나 책자 제작에 사용되는 인쇄 용지)에 4도 인쇄 방식을 선택했다. 일반 출판보다 생산 원가는 오르고 재판은 더 힘들어지는 방식이었지만, 사람들이 소장하고 싶은 멋진 작품을 만들고 싶은 마음이 더 컸다. 비용은 아무래도 좋았다.

《미스터 앤 미세스 스미스》 가이드북은 즉각적인 성공을 이루었다. 불과 6주 만에 1만 부의 초판이 판매되었고, 곧 10만 부가 판매되었다. 어느 시점에는 《해리 포터와 불사조 기사단 Harry Potter and the Order of the Phoenix》마저 앞지르는 기록을 남기기도 했다. "아니 뭐, 서점 한 곳에서 딱 하루 동안이었지만요." 타마라가 설명했다.

단 한 곳의 서점에서 하루뿐이라고 해도 그게 어딘가! 해리 포터와 어깨를 나란히 하다니, 충분히 자랑스러운 통계다. 여기서 가장 중요한 것은 《미스터 앤 미세스 스미스》 가이드북이 두 작가가 기획한 비즈니스 모델의 성공을 보여준다는 점이다. 여기에 수록된 일부 호텔들은 가이드북을 통한 숙박객들로 예약의 40퍼센트 이상을 채웠다.

제임스와 타마라의 직감은 정확하게 들어맞았다. 《미스터 앤 미세스 스미스》는 브랜드를 성공의 궤도에 올리고, 오늘날의 여행 클럽을 만든 서사로 가득한 브랜드 네임이다.

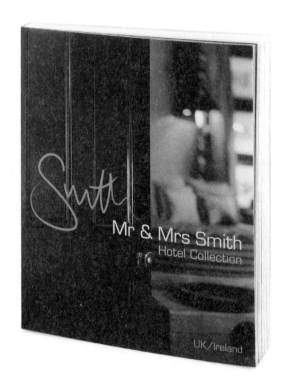

어떤
시장에 뛰어들 것인가?

어떻게
이길 것인가?

어떻게
존재를 알릴 것인가?

브랜드 네임은 브랜드를 통해 세상과 나누고 싶은 이야기다

브랜드 네임을 선택한다는 것은 당신이 세상과 나누고 싶은 이야기를 선택하는 것과 같다.

브랜드 네임은 사람들의 기대치를 설정한다. 또한, 당신의 브랜드가 가진 아이덴티티^{identity}를 정립하고, 앞으로 사업을 하며 만날 모든 고객, 직원, 파트너, 관계자와의 관계를 형성한다. 브랜딩에서는 이것을 포지셔닝이라고 부른다. 《포지셔닝^{Positioning: The Battle for Your Mind}》의 저자 알 리스 ^{Al Ries}와 잭 트라우트^{Jack Trout}에 의하면 포지셔닝은 브랜드가 경쟁사들에게서 차별화될 수 있도록 "마음속의 창문을 찾아내는 조직적인 방법"이다. 우리가 하려는 네이밍과 관계가 없지는 않지만, 조금 이지적으로만 정의 내려진 용어처럼 느껴진다.

나는 포지셔닝이 다음과 같은 전략적 선택의 집합이라고
생각한다.

◆ 어떤 시장에 뛰어들 것인가?
◆ 어떻게 이길 것인가?
◆ 어떻게 존재를 알릴 것인가?

앞의 질문에 명확히 답할 수 있다면 당신이 지향해야
하는 비즈니스 전략을 찾은 것이나 다름없다. 앞으로의 브
랜드 모습과 고객층을 결정하고 당신이 브랜드에 바라는
가치를 포착하는 것, 이것이 바로 포지셔닝이다.

내가 가장 아끼는 서적 중에 하나인 《승리의 경영전략
Playing to Win: How Strategy Really Works》의 저자 A.G. 래플리A.G. Lafley
와 로저 L. 마틴Roger L. Martin은 이렇게 말했다. "모든 사람에
게 모든 서비스를 제공하려 들면 오히려 부실한 서비스를
제공하게 된다. 가장 성공적인 기업이나 브랜드도 곧 다
른 고객들보다 일부 고객에게 더 충실하게 응대하기 시작
할 것이다. 당신의 고객층이 '모든 사람'이거나 표적 시장
이 '모든 장소'라면 선택의 중요성을 아직 제대로 이해하
지 못했다는 뜻이다."

브랜드가 전략적 선택을 하고 있는지를 확인하려면
'원스톱숍one-stop shop'이라는 말을 찾아보면 된다. 이는 포지
셔닝에 있어서 최악의 홍보 문구라고 할 수 있다. 절대 사
용하지 말자!

절대 "원스톱숍" 이라고 광고하지 마라.

'원스톱숍'은 한 장소에서 제공하는 다양한 서비스를 뜻하는 약칭이다. 1920년대 말에 발생한 용어로, 네브레스카주Nebraska 링컨의 존 브레이슬렌 컴퍼니John Bracelen Company of Lincoln 광고 캠페인에서 처음 사용되었다. 1920년대의 비즈니스 모델은 오늘과는 달리 독특했다. 자동차 부품, 수리, 판매 사업이 따로따로 취급되었던 것이다. 당시 그 누구도 분야를 통합할 생각을 하지 못했다.

그 시절, 차를 고치려면 최소 두 곳 이상의 장소에 가야 했다. 예를 들어 브레이크를 교체하려면 자동차 부품 상점에서 브레이크 패드, 캘리퍼스, 그 외에 필요한 부품을 구매해 정비소로 가져가야 했다. 부품과 정비를 한 장소에서 가능하게 만든 원스톱 서비스는 곧 자동차 산업 전체의 전형적인 모습으로 자리매김했고, 고객에게 커다란 가치 제안의 혜택을 제공하는 발단이 되었다.

당시 기업의 서비스를 원스톱숍이라고 부르는 발상은 획기적이었다. 모든 서비스를 한 장소에서 제공한다는 발상이 신선했고, 문구 자체가 그 서비스를 잘 설명했으며, '원-스톱-숍'이 주는 재미있는 리듬감이 기억에 오래 남았다. 기업이 사라지고 나서도 원스톱숍은 다른 곳에서 계속 쓰일 정도였다.

기억하기 쉬운 탓에 자연스럽게 대중문화에도 녹아들었지만, 당신의 브랜드에 적용하지는 말라. 인쇄, 마케팅, 전자 제품, 법률, 유통 등 다방면의 사업들이 오랫동안 널리 애용해 오며 식상할 수도 있는 클리셰로 변했기 때문이다.

세상의 모든
성공한 기업은
각각 의미가 다른
이름을 가지고 있다.

왜냐하면,

각각의 기업이 세상과
나누고 싶은 이야기가
다르기 때문이다.

래플리와 마틴이 지적하듯 월마트^{Walmart}, 타깃^{Target}, 아마존^{Amazon}과 같이 잘 알려진 대기업들도 언뜻 보면 원스톱숍처럼 보일 수 있다. 이들이 다양한 물건을 판매하기는 하지만 더 자세히 들여다보면 이는 사실이 아니다. 어느 브랜드든지 다른 경쟁사에 비해 특정 시장에 특성화되어 있을 때가 많다. 농담처럼 '타제이^{Targét}(타깃이 1980년대에 판매했던 신발 브랜드 미스 디제이^{Miss Targe}에서 유래된 타깃의 별칭)'라고도 불리는 타깃의 대표 홍보 문구는 '기대 이상, 가격은 싸게^{Expect More. Pay Less}'이다. 타깃은 매장 구조, 고객 서비스, 제품 선정, 브랜드 아이덴티티를 통해 브랜드를 '기대 이상'으로 차별화시킨다.

다양한 제품을 파는 대형 마트들은 손쉽게 원스톱숍이 될 수 있음에도 다른 홍보 전략을 선택했다. 각각의 기업이 모두 의미가 다른 이름을 가지고 있는 것은 그들이 세상과 나누고 싶은 이야기가 각각 다르기 때문이다. 기업들은 이미 어떤 시장에 뛰어들고, 어떻게 성공하고, 어떻게 브랜드를 알릴 것인지를 위한 전략적인 선택을 마쳤다.

애플도 기업의 전략적 선택의 예를 잘 보여주는 브랜드 중 하나다. 애플의 CEO 팀 쿡^{Tim Cook}은 말한다. "매일 좋은 아이디어를 거절하는 것이 우리의 일입니다. 훌륭한 아이디어도 거절해 그중 가장 뛰어난 아주 소수의 아이디어에만 집중합니다. 그래야 선별한 최고의 아이디어를 실행으로 옮길 때 모든 에너지를 쏟아 세계 최고의 제품을 개발할 수 있기 때문입니다." 그는 이어서 방 안의 탁자를 가리키며 말했다. "실제로 당신이 앉아 있는 탁자 위에 애플이 지난 세월 동안 만든 모든 제품을 올려놓아도 공간이 남을 정도로 아주 소수의 제품만이 개발되었죠. 그런데도 작년 한 해 400억 달러 이상의 수익을 거두었습니다."

집중은 바로 이런 것이다. 애플은 어떤 시장에 뛰어들고, 어떻게 성공하고, 어떻게 브랜드를 알릴 것인지를 분명히 했다.

아직은 앞으로 착수할 네이밍 프로젝트에 필요한 모든 정보를 완벽하게 갖추지 못했을 수도 있다. 충분히 이해한다. 우리가 마법의 수정 구슬을 들고 태어난 것도 아니고, 아직 다가오지 않은 사업이나 제품의 미래를 점치는 것은 분명 벅찬 일이다. 당연히 어떤 시장에 뛰어들고 어떻게 성공할지 잘 모를 수도 있다. 걱정하지 말자. 지금부터 차근차근 질문에 답해 가며 당신이 네이밍 프로세스를 통해 무엇을 창조하고 싶은지 알아보도록 하자.

무엇이 전략인가?

경영진과 간부들은 늘 전략을 잘못 이해하고는 한다. 나는 한 워크숍에서 다양한 기업의 CEO들에게 5분 동안 각자가 속한 기업의 전략을 그려달라고 요청한 적이 있다. 이해하기 쉬운 비즈니스 모델이나 플로 차트[flowchart](업무 절차)를 통해 기업의 사업 전략을 한 컷 안에 설명하는 것이 과제였다.

CEO 그룹이 보여준 전략은 3가지의 예측 가능한 유형으로 나뉘었다. 목표, 행동, 우선순위. 일부 그룹은 달성하고 싶은 목표를 공유하며 특정 수익, 이윤, 시장 점유율을 어떻게 달성할 계획인지 소개했다. 한 CEO는 '50 in 5' 전략을 선보였다. 그는 이렇게 설명했다. "우리 기업의 전략은 향후 5년 안에 500억 달러의 수익을 내는 것입니다. 올해는 320억 달러를 돌파했고, 내년까지 15퍼센트의 성장세를 달성하는 것이 목표입니다."

일부는 기업이 실행하고 있는 전략적 행동을 소개했다. 새 지점의 설립과 새로운 제품의 출시 등 기업에 큰 영향을 끼친다고 여겨지는 프로젝트들이 주를 이루었다. 세 번째 그룹은 기업의 우선순위에 초점을 맞추어 발표했다. 기업을 성장시키기 위해 어느 분야에 시간과 자원과 자금

을 우선으로 투자하는지 소개했다. 디지털 채널에서 브랜드 인지도를 높이기 위한 투자가 하나의 예시였다.

문제는 목표, 행동, 우선순위는 전략이 아니라는 점이다. 전략을 세우는 초석의 일부가 될 수는 있지만, 전략 자체는 될 수 없다. 《전략의 거장으로부터 배우는 좋은 전략/나쁜 전략Good Strategy/Bad Strategy》에서 리처드 루멜트Richard Rumelt는 말한다. "전략은 조직이 '어떻게' 나아갈 것인지 드러내야 한다. 전략을 세우는 일은 조직의 이익을 추구하는 방법을 찾는 것이다." 이어서 그는 "전략은 힘을 강화시켜주는 지렛대와 같다. 물론 의지와 완력이 있다면 지렛대 없이 무거운 돌을 끌 수 있다. 그러나 지렛대를 이용하는 편이 훨씬 현명하다."라고 말했다.

돌을 옮겨 놓고 싶은 장소가 목표이고, 어떻게 돌을 옮길 것인지가 전략이다. 여기서 돌을 '어떻게' 옮길 것인지가 중요한 것처럼, 효과적으로 목표를 달성하기 위해서는 전략을 만들고 적용해야 한다.

전략적인 네이밍도 마찬가지이다. 당신의 브랜드에 꼭 맞는 브랜드 네임을 만들려면 규칙이 분명한 전략을 세워야 한다.

코닥의 창립자 조지 이스트먼^{George Eastman}을 예로 들어보자. 이스트먼에게는 네이밍을 할 때 따라야 하는 4가지의 규칙이 있었다.

1 짧고 강렬해야 한다.
2 철자를 틀리게 쓸 수 없어야 한다.
3 아무런 의미가 없어야 한다.
4 K로 시작해 K로 끝나야 한다.

마지막 규칙이 특히 인상적이다. 이스트먼은 이렇게 설명한다. "나는 항상 알파벳 'K'를 좋아했다. 이 강력하고 날카로운 느낌의 알파벳으로 회사의 이름을 시작하고 싶었다. 많은 시도 끝에 K로 시작해 K로 끝나는 이름을 떠올릴 수 있었다. '코닥'이 바로 그 결과다."

전해 내려오는 말로는 조지 이스트먼과 그의 어머니는 스크래블^{Scrabble}(철자가 적힌 플라스틱 조각들로 글자 만들기를 하는 보드게임)의 원조 격인 낱말 찾기 게임을 통해 브랜드 네임을 떠올렸다고 한다. 그들은 이스트먼의 네이밍 전략에 맞는 강한 어감의 브랜드 네임이 나올 때까지 철자 조각들을 섞어 재배열하기를 반복했다고 전해진다.

첫 네이밍
프로젝트를 맡다

조지 이스트먼에게 영감을 받은 내가 가장 먼저 맡은 네이밍 프로젝트는 우리 가족이 소유한 회사에 새 이름을 붙여주는 것이었다.

80년대 후반, 나의 부모님 도나Donna와 마커스Marcus는 IT 인력 공급 회사 밀러 앤 어소시에이츠Miller & Associates를 설립하셨다. 12살이었던 나는 지금도 우리가 살던 작은 집에서 단어와 씨름하시던 아버지를 기억한다. 아버지는 다양한 이름을 떠올려 친구와 가족에게 시험 삼아 의견을 묻고는 하셨다. 회사명을 밀러 앤 어소시에이츠로 지은 이유는 풀네임은 물론, 약자 M&A로 표기했을 때 그 이름이 법률 사무소를 연상시켰기 때문이다. 당시의 인력 공급 회사들에 박혀 있던 부정적인 평판을 전문가다운 인상을 통해 해소하기로 판단하셨던 것이다.

회사는 문을 열자마자 빠르게 성공 가도를 달렸다. 뛰어난 고객층과 충실한 직원들 덕분이었다. 이에 감명을 받았던 15살의 나는 "어른이 되면 내가 우리 회사의 사장이 될 거야."라고 온 가족 앞에서 공표했다고 한다. 어머니가 무슨 말을 하셨는지는 기억하지 못하지만 내 선언이 꽤 충격적이었던 것만은 확실하다.

"자식들이 회사에서 일하고 싶다고 하면 어떻게 해야 하죠?" 몇 년이 지나서야 부모님이 다른 사업가들에게 이런 질문을 하고 다니셨다는 것을 알게 되었다. 부모님이 조언을 구했던 사업가 중의 한 명은 이렇게 말했다. "자식이라고 무조건 회사에 늘어올 수 있는 자격을 주면 안 돼요. 가업을 잇고 싶다면 그에 걸맞은 자격을 갖출 수 있는 조건을 거세요."

이 조언을 바탕으로 부모님은 언젠가 가업을 잇고 싶다면 나와 내 형제들이 꼭 만족시켜야 하는 조건을 내걸었다. 우리는 우선 대학교를 졸업하고 최소 4년 이상 사회에서 일하며 업무에 관련된 기술과 현장 경험을 얻어야 했다. 모든 조건이 충족되었다면 부모님의 회사에 구인 공고가 날 때까지 기다려야 했다. 부모님은 "네 성이 밀러라고 회사를 그냥 물려받을 수는 없다."라고 하셨다.

부모님이 떠올린 이 방법을 묘안이라고 생각했던 나는 이 조건을 자녀들에게 회사를 물려줄 시기를 고민하는 다른 사업가들에게도 추천했다. 아이들은 집안이 운영하는 회사가 아닌 외부에서 경험을 쌓으며 자신의 재능과 관심 분야를 발견할 수 있다. 후에 부모님의 뒤를 잇기로 한다면 그동안의 사회생활에서 얻은 경험으로 회사에 도움이 될 신선한 아이디어를 낼 수도 있고, 더 중요하게는 다음 세대가 미래를 스스로 결정할 기회를 준다는 점에서 큰 의미가 있다. 가업 말고도 자신이 사랑하는 직업을 찾거나 훌륭한 사회인으로 성장해 가업을 더 빛나게 할 수 있다. 어느 길을 선택해도 다 정답이라고 본다. 나는 후자를 선택했다.

나는 사회생활을 한 지 4년이 조금 되지 않아 부모님의 회사에 입사할 수 있었다. 세계 경제가 2000년도 초의 '테크 주식 폭락tech wreck'에서 겨우 회복하기 시작하던 때였다. 침체기를 극복했으니 경기가 되살아나야 했지만, 회사의 매출은 좀처럼 원래대로 돌아오지 않았다.

나는 전혀 몰랐지만, 당시는 인력 소개업에 기술적 혼란이 일어나던 시기였다. 링크드인LinkedIn이나 구글 같은 플랫폼은 기업들과 구직자들이 교류하는 방식을 완전히 바꾸었다. 실제로도 인력 소개업은 그 형태를 완전히 바꿔 점차 여행 산업의 궤적을 따르게 되었다. 익스피디아가 고객을 다양한 여행사들과 연결해 주듯 링크드인은 구직자들을 취업 정보 회사와 연결해 주는 역할을 하게 된 것이다.

이런 혼란을 이해하지 못한 내게는 단순히 매출이 부쩍 떨어진 것만 눈에 들어왔다. 영업 마케팅 담당 이사로 입사했던 나는 매출이 떨어지면 다시 올리면 된다고 생각했다. 영업팀에게 더 많은 연수 시간을 배정하고, 새로운 프로그램도 써 보고, 무조건 매출에만 집중하게 했지만 아무 소용 없었다. 상황이 얼마나 나빴냐면, 새 고객을 유치하기 위해 내 부하 직원들과 나란히 영업 전화를 돌릴 정도였다. 끔찍한 나날이었다. 나는 지금도 전화 영업이 싫다!

그렇게 회사에서 일한 지 1년이 지나고서야 나는 부모님과 진솔한 대화를 나누었다. "가업을 잇는 게 이런 거라면 저는 다른 일을 찾아야 할 것 같아요. 지난 1년 동안 너무 괴로웠어요!" 나는 바로 이때 내 커리어에 가장 큰 영향을 미친 교훈을 배웠다. 사업가가 된다는 것, 또 리더가 된다는 것의 진정한 의미를 깨달았던 것이다. 아버지는 이렇게 말씀하셨다. "우리가 과거에 이룩한 성과보다 지금 일구어 내는 사업이 더 중요하다. 이다음에는 무엇을 선보일 거니?"

그야말로 뼈를 때리는 말씀이었다. 경영인이자 리더이자 사업가인 우리는 과거의 영광에 사로잡혀 안일해지기 쉽지만, 비즈니스의 세계는 끊임없이 변화한다. 항상 다가오는 미래를 대비한 사업을 준비해야 한다.

아버지의 말씀에 영감을 받은 나는 곧바로 문제 접근 방식을 바꿨다. 매출 문제처럼 보이는 눈앞의 상황에서 한 걸음 떨어져 문제의 본질을 파악하기 위해 시장의 동향을 살폈다. 회사와 고객과 시장 조사를 마친 우리는 놀라움을 감출 수 없었다. 문제는 매출이 아니라 브랜딩이었던 것이다. 고객들은 다른 인력 공급 회사는 물론 전문 서비스 업체들과 우리 회사를 구별하지 못했다. 회사의 웹 사이트와 홍보 자료들은 우리가 특별하다고 말하고 있었지만, 고객들의 관점에서는 다른 회사들과 다를 바 없어 보였다. 그저 많고 많은 회사 중 하나일 뿐이었다.

문제를 인지한 후 우리는 회사 기존의 이미지를 완전히 쇄신할 필요가 있음을 깨달았다. 우리와 함께 일해 본 적 없는 고객들에게는 아무 의미 없는 추상적인 브랜드 네임 '밀러 앤 어소시에이츠' 대신, 듣는 이의 뇌리에 깊게 박히는 암시적 브랜드 네임 '리프잡^{LEAP Job}'으로 회사명을 바꿨다. 이 과정에서 '개구리의 도약'이라는 문구를 기반으로 완전히 새로운 브랜드 아이덴티티도 확립했다('리프 leap'는 '높이 뛰다', '도약하다'를 의미한다). 우선 주 고객층인 젊은 전문직 종사자에게 어필하기 위해 신세대 느낌의 밝고 강렬한 로고를 디자인했다. 마지막으로는 IT 인력 공급 회사에서 영업과 마케팅 전문직 인력 공급 회사로 탈바꿈했다. 이 결정으로 회사의 장점을 십분 발휘하고 인력 소개 시장을 장악할 수 있었다.

리브랜딩은 성공적이었다. 흔한 전문직 서비스 회사가 아니라 영업과 마케팅 전문 인력들이 더 나은 커리어를 위해 찾을 수 있는 장소가 되었다.

리브랜딩을 하며 가장 어려웠던 부분은 당연히 새 이름을 떠올리는 일이었다. 리브랜딩 프로젝트는 아버지가 팀원들에게 이렇게 말씀하시며 시작되었다. "밀러라는 이름을 가진 회사들이 너무 많습니다. 지금이야말로 시장에서 돋보일 때입니다." 아버지는 곧 내게 프로젝트를 위임하셨다.

Before

After

프로젝트에 돌입하며 나는 가장 먼저 네이밍 전략을 세웠다. 조지 이스트먼을 본보기 삼아 나만의 5가지 규칙을 만들었다.

1 브랜드 네임은 발음하기 쉽고, 기억하기 쉬워야 한다.

2 가장 이상적인 브랜드 네임은 10자 이내로 짧아야 한다.

3 아큐라^{Acura}나 버라이즌^{Verizon}처럼 새롭게 만들어진 신조어는 쓸 수 없다. 개인적인 선호도의 문제이기도 했지만, 전략적인 이유도 있었다. 사람들이 브랜드 네임을 들었을 때 즉시 이해할 수 있는 단어를 써야 이후 마케팅에 겪을 어려움을 줄일 수 있을 것으로 생각했다.

4 도메인 네임에 10달러 이상은 쓸 생각이 없다! 지금 당장 닷컴 도메인으로 등록할 수 있고 아직 세상 누구도 생각하지 못한 것이어야 한다.

5 '인력 모집', '헤드헌터', '직원 채용' 등의 단어는 포함하면 안 된다.

위의 규칙은 우리가 만들고자 한 새로운 브랜드의 포지셔닝과 브랜드를 통해 공유하고 싶은 이야기에 기초했다. 성공적으로 새 브랜드 네임을 만들면 우리 회사를 경쟁사들과 차별화시킬 수 있다고 믿었기 때문이다.

"과거에 이룩한 성과보다
지금 당신이 일구어 내는
사업이 더 중요하다.
이다음에는 무엇을
선보일 것인가?"

ESTOR Chaparral BULLET LAVOLT

SYMMECHROMATIC *

stelogram Varsity Hur

AEROT

FORD SILVER SWORD Stroke * Reg

LIPTER AERUNDO

ICANE AQUILA Hurricane Hirundo F

DE Astranaut THE IMPECCABLE

X * Dearbo

he Intelligent Whale MONGOUSE CIVIQUE A

THUNDER BLENDER Aerofee M PA

BULLET CLOISONÉ

UMA The Resilient Bullet REGNA F

A ANTIC

OP Solid Indigo Comr

* THE FORD FABERGÉ X T

ique ARCENCIEL Bullet Lavolta T

THE ARC-EN-CIEL CRESTA LARK * MAGI-

t Lavolta Utopian Pas

COMME II FAIRE

gram RACER Turtletop IN

AL

BLENDER Turbotorque TONNERE

전략이 없으면
타협하게 된다

규칙을 세우지 않고 네이밍을 감행하면 곧 시간과 비용을 잡아먹는 막다른 길에 다다른다.

포드 모터 컴퍼니Ford Motor Company가 새로운 자동차 브랜드의 네이밍을 위해 퓰리처상 수상 시인, 메리앤 무어Marianne Moore를 고용한 사건을 예로 들어보자. 1955년, 네이밍 프로젝트의 책임자였던 로버트 영Robert Young은 무어에게 포드의 마케팅팀이 떠올린 브랜드 네임들은 숫자만 많지 질이 떨어진다고 말했다. 심지어 지금까지 나온 브랜드 네임들은 "굴욕적일 만큼 진부한 문체가 특징"이라고 덧붙일 정도였다.

영은 브랜드 네이밍을 얕보고 있었다. 엄청난 브랜드 네임을 기대했지만 그렇다고 무어에게 딱히 좋은 네이밍 전략을 제공한 것도 아니었다. 무어에게 보내는 편지에서 그는 "이 브랜드 네임이 단순한 제품명보다 더 특별했으면 합니다. 무엇보다도 브랜드 네임 그 자체에 마음을 사로잡는 강렬한 설득력이 있었으면 좋겠습니다. 떠올리는 순간 주문처럼 사람들의 마음에 우아함, 속도감, 고급스러운 기

능과 디자인에서 오는 인간의 본능적인 감정들을 연상시
켜야 합니다. 간단히 말해서 사람들의 마음에 극적이고 매
력 있는 이미지를 떠올리는 브랜드 네임을 원합니다."라고
말했다.

프로젝트에 합류한 무어는 여러 편지를 거쳐 영에게
인텔리전트 웨일^{Intelligent Whale}, 파스텔로그램^{Pastelogram}, 몽구
스 시빅^{Mongoose Civique} 등의 브랜드 네임을 제안했다.

한 가지 묻겠다. 오늘날 포드의 자동차를 생각하면 '몽
구스 시빅'이라는 모델이 떠오르는가?

모두가 짐작하다시피 무어의 브랜드 네임들은 마케팅
팀에게 거절당한 뒤 세상의 빛을 보지 못한 채 사라졌다.
포드의 고객층이나 상품과 아무 연관성도 없었을 뿐더러
전략적 적합성마저 고려하지 않았기 때문이다. 로버트 영
이 정한 네이밍의 기준만 본다면 메리앤 무어는 훌륭하게
맡은 바 임무를 해냈다. 그는 "떠올리는 순간 주문처럼 사
람들의 마음에 우아함, 속도감, 고급스러운 기능과 디자인
에서 오는 인간의 본능적인 감정들을 연상시키는 브랜드
네임"을 제공했다. 무어의 브랜드 네임은 모두 독특했고,
흥미로웠고, 우아하기까지 했다. 그러나 이것들이 포드라
는 브랜드를 고객에게 효과적이고 확실하게 각인시켰는지
묻는다면 대답은 '아니오'이다. 무어에게는 포드의 고객층
이나 제품에 대한 이해도나 배경 지식이 주어지지 않았으
니 당연한 결과다. 마케팅팀의 전략이 네이밍을 하는 그에
게 전혀 전달되지 않았던 것이다.

THIS IS THE

EDSEL

마케팅팀은 결국 적당한 브랜드 네임과 타협하기에 이르렀다. 새 모델은 포드의 창립자 헨리 포드Henry Ford의 장남, 에드셀Edsel이라고 불리게 되었다. 에드셀은 획기적인 디자인과 제품으로 당시의 제너럴 모터스General Motors와 크라이슬러Chrysler를 긴장하게 했던 기업인으로, 마케팅팀의 선택은 1943년에 암으로 세상을 떠난 고인의 명예를 기리는 제스처이기도 했다.

그러나 에드셀의 명성과 업적에도 사람들의 반응은 처참했다. 출시 당시 포드는 무려 18가지 형태의 에드셀 모델들을 선보였다! 여기서 이미 실패가 예견되어 있던 셈이다. 미국 차주들이 원하는 꿈의 모델이 되고 싶었지만, 현실은 포드가 생각한 것과는 달랐다. 에드셀은 타협으로 가득 찬 모델이었다. 모든 사람에게 모든 기능을 제공하려고 들면 아무도 만족시키지 못하는 법이다. 언론은 맹렬한 비난을 퍼부었고, 고객들은 에드셀을 흉하고 비싸기만 한 과대 선전의 결과물로 치부했다. 결국, 포드는 출시 3년 만에 모델의 생산을 중단했고, 에드셀의 이름은 평생 팔리지 않는 상품들을 대표하는 상징으로 자리 잡고 말았다.

운이 좋다면 가끔 구체적인 전략 없이도 브랜드 네임이 만들어질 수 있다. 그러나 위험 부담이 너무 크다. 시간 낭비도 심할뿐더러, 마감이 닥쳤는데 진전이 없으면 아무 브랜드 네임이나 골라 타협하게 되기 때문이다. 프로젝트의 다음 단계로 넘어가야 하는데 눈앞에 무난한 브랜드 네임이 있으니 고르게 되는 셈이다. 개인적으로는 아주 질

나쁘고 태만한 브랜딩 방식이라고 생각한다. 가치 있는 브랜드 네임에는 충분한 시간과 에너지를 쏟아야 한다.

브랜드
네임의
구조

네이밍은 제약을 이겨내고
창의력을 발휘하는 것이다.
단어 두어 개로 스토리텔링을
해야 한다.

네이밍의
아름다움은
그 과정에
필요한 엄청난
창의력에서 온다.

브랜드 네임은
어디에서나 찾을 수 있다

브랜드 네임은 놀랍게도 다양한 곳에서 탄생한다. 원래 존재하기도 하지만 새롭게 발명되기도 한다. 여러 면에서 네이밍은 마치 예술과도 같으며, 사람들에게 이야기를 들려줄 수 있는 단어나 문구를 찾는 작업이다. '나초nachos'라는 이름을 나초를 처음 발명한 사람에게서 따왔다는 사실을 알고 있는가? 이 책을 쓰기 전까지는 나도 몰랐던 사실이다. 그저 치즈 범벅의 나초가 바삭하고, 짭짤하고, 맛있다는 것만 알고 있었다!

1943년, 이그나시오 '나초' 아나야Ignacio Nacho Anaya는 우연히 나초를 발명하게 된다. 때는 제2차 세계대전이 한창으로, 미군의 아내들이 텍사스주의 경계에 있는 작은 도시 피에드라스 네그라스Piedras Negras로 쇼핑을 떠난 어느 날이었다. 그들이 저녁을 먹기로 했을 때는 이미 인근의 식당 모두가 문을 닫은 상태였다.

그러나 이 운 좋은 방문객들은 바로 이날 빅토리 클럽Victory Club의 호텔 지배인 이그나시오 아나야와 만났다. 자신의 직업에 자부심이 있었던 그는 차마 호텔을 방문한 손님들을 돌려보낼 수 없었고, 주방장이 이미 퇴근한 상황에서 저녁을 만들어야 하는 난감한 상황에 봉착했다. 결국, 그는 직접 요리를 하기로 마음먹었다.

아나야는 주방을 둘러보며 눈에 띄는 재료를 찾기 시작했다. 토르티야를 삼각형 모양으로 잘라 튀김기로 튀겨 바삭하게 만든 뒤, 그 위에 치즈와 잘게 자른 할라피뇨 고추를 끼었고 오븐에서 요리했다. 이것이 우리가 잘 아는 오늘날의 나초다.

이그나시오 아나야는 쇼맨십이 투철한 인물이었다. 그는 그만의 특별한 요리를 '나초스 에스페시알레스Nachos Especiales', 영어로는 '나초의 특선 요리Nacho's Special'라고 소개했다. 나초는 아나야의 별명이었다.

아나야의 특선 요리에 푹 빠진 손님들은 집으로 돌아가 마을 사람들에게 나초스 에스페시알레스의 맛을 극찬하고 다녔다. 그로부터 일주일 후, 손님들은 음식을 다시 맛보기 위해 남편들과 함께 빅토리 클럽을 방문했다. 얼마 지나지 않아 빅토리 클럽의 특선 요리는 자연히 입소문을 탔고, 시간이 흘러 '나초스'로 불리게 되었다.

오늘날 찾아볼 수 있는 많은 브랜드 네임에는 제각각의 사연이 담겨 있다. 단순히 창립자의 이름을 따서 지어진 브랜드 네임도 있는 한편, 브랜드만을 위해 맞춤 제작된 브랜드 네임도 있다. 액센츄어Accenture는 브랜드를 위해 맞춤 제작된 신조어 중의 하나다. 노르웨이 사무실에서 근무하던 직원 킴 피터슨Kim Petersen이 고안한 브랜드 네임으

피에드라스 네그라스:
나초의 본고장

로, 제안서를 제출하며 그는 "회사에 어울리는 대담한 성장력, 우수한 운영 효율성, 일하기 좋은 근무 환경을 떠올리며 새 브랜드 네임을 연구했다."라고 말했다.

피터슨은 네이밍 프로세스의 초반부터 뚜렷한 아이디어를 가지고 네이밍에 임했다. 그는 고객의 미래를 설계하는 대형 컨설턴트 기업의 이미지를 대표하는 브랜드 네임을 원했고, 이 아이디어를 '액센트 온 너 퓨처Accent on the future(미래가치 창조의 강조)'라는 문구로 표현했다. 그는 곧 여러 단어를 다양한 방식으로 조합하기 시작했다. 알렉스 프랭클Alex Frankel은 저서 《최고의 이름을 찾아라Wordcraft》에서 액센츄어를 "강조accent와 성취accomplish의 'acc-', 새롭게 다가오는 신세기century와 네트워크의 중심center의 '-cent-', 미래future와 모험adventure의 '-ure'을 따온 것"이라고 분석한다. 이들을 모두 합쳐 '액센츄어'가 탄생했다.

네이밍의 아름다움은 그 과정에 필요한 엄청난 창의력에서 온다. 실재하는 단어, 이야기, 역사에 등장하는 단어를 써도 되고, 심지어 자신만의 단어를 창작해도 된다. 논리만 지킨다면 네이밍에 쓸 수 있는 창의력에는 한계가 없다.

브랜드 네임은 보통 3가지 종류로 나뉜다.

◆ **서술적 네임**^{Descriptive Names}: 제품, 서비스, 아이디어를 설명하는 브랜드 네임
◆ **암시적 네임**^{Suggestive Names}: 제품이나 서비스가 어떤 경험을 제공하는지 간접적으로 표현한 브랜드 네임
◆ **추상적 네임**^{Abstract Names}: 빈 그릇과 같은 브랜드 네임. 브랜드 아이덴티티가 네임 그 자체와도 같아 빈 그릇에 생명을 불어넣는다.

브랜드 네임의 구조는 조금 더 범위가 넓다. 아래의 5가지 방법의 하나에서 유래하거나 고안된다.

◆ **실제 단어**^{Real Words}
영어나 다른 언어에 이미 존재하는 단어다. 스타벅스와 같이 역사와 문학 속에 실재하는 명사나 동사, 혹은 단어다.
◆ **합성어**^{Constructed Words}
둘 이상의 실재하는 단어를 결합하여 만든 새로운 단어다. 인스타그램^{Instagram}이 그 예이다.
◆ **신조어**^{Invented Words}
액센츄어처럼 기존에는 존재하지 않았지만, 브랜드를 위해 완전히 새롭게 발명된 단어다.

◆ **두문자어** Acronyms

일반적으로 서술적 네임의 첫 글자를 따서 만든다.
긴 서술적 네임을 쉽게 표기하기 위한 목적이 크다.
International Business Machines를 줄여 만든 IBM
이 여기에 해당한다.

◆ **철자가 틀린 단어** Misspelled Words

이미 존재하는 흔한 단어에서 모음을 빼기나 자음을
바꿔 브랜드를 대표하는 특별한 단어로 만든 것이다.
칙필레 Chick-fil-A가 그 예이다.

　브랜드 네임의 구조를 이해하고 시야를 넓히면 네이밍
프로세스에 돌입할 때 시야가 좁은 사람보다 유리한 네임
을 선점할 수 있다. 사람들은 네이밍을 할 때 자신의 경험
에 의지하는 경향이 있다. 예를 들어 당신이 종사하는 업
종의 브랜드들이 브랜드 네임으로 두문자어를 많이 사용
한다면 당신도 자연스럽게 두문자어로 네이밍을 할지도
모른다. 세상에는 다른 가능성도 있다는 사실을 이해해야
만 진정한 창의력을 발휘해 더욱 광범위한 분야에서 브랜
드 네임을 찾을 수 있다. 지금부터 3가지 종류의 브랜드 네
임과 이것이 형성되는 5가지 방법을 몇 가지 예시와 함께
살펴보자.

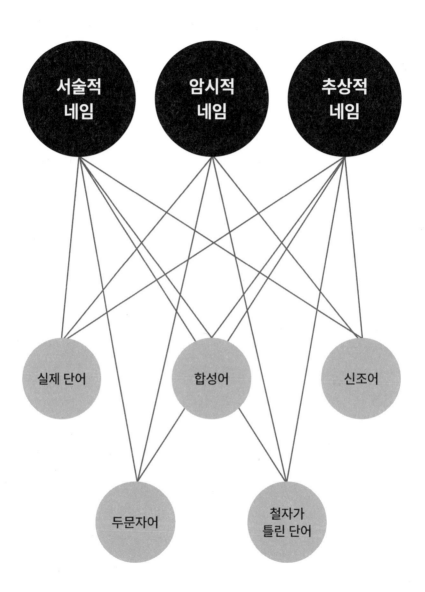

The Weather Channel

GLACÉAU vitaminwater

NETFLIX

tripadvisor®

Kellogg's CORN FLAKES

BIG ASS FANS

네이밍의 종류

서술적 네임

서술적 네임은 실용적이고, 브랜드의 포지셔닝을 분명히 한다. 서술적 네임은 제품이나 기업 자체를 있는 그대로 설명한다. 예를 들어 슈레디드 위트^{Shreddd Wheat}(아침 식사용의 곡물 식품으로 통밀을 실처럼 가늘게 가공해 베개 모양으로 뭉친 형태를 하고 있다)나 올브랜^{All-Bran}(저지방 고섬유질 시리얼로 '브랜^{bran}'은 곡물의 겨를 의미한다) 같은 브랜드 네임은 듣는 순간 바로 의미를 알 수 있다. 슈레디드 위트는 말 그대로 잘게 조각난 밀을 의미한다. 이처럼 서술적 네임은 누가 들어도 뜻이 분명하고 효율적으로 전달된다. 브랜드 네임의 의미를 곱씹거나 떠올리려고 노력하지 않아도 된다. 듣기만 해도 어떤 제품인지 바로 알 수 있기 때문이다.

　　빅 애스 팬^{Big Ass Fans}('팬^{fan}'은 선풍기를 의미한다)은 아주 큰 팬을 만드는 제조 회사이다. 1999년, 설립 당시 회사의 원래 이름은 HVLS 팬 컴퍼니^{HVLS Fan Company}였다. HVLS는 '큰 부피의 저속 팬^{High Volume, Low Speed Fans}'의 두문자어로, 7.3미터 상당의 지름으로 천문학적인 공기량을 움직여 실내의 온도를 조절하는 고도의 기술력을 지닌 팬이었다. '큰 부피의 저속 팬'이나 HVLS이 서술적 네임이기는 했지만, 듣는 이들은 지루함을 느꼈다. 마침 고객들이 계속해서 '소문이 자자한 빅 애스 팬'을 찾자 회사는 아예 브랜드 네임을 바꿔버렸다. '빅 애스^{big ass}'는 '엄청나게 큰'이라는 뜻을 가진 비어다.

이보다 더 완벽한 이름은 없었다! 회사명에 '엉덩이^{ass}'라는 단어를 쓰기까지 많은 용기가 필요했겠지만 아주 기발한 발상이었다. 한 번 들으면 절대 잊지 못할뿐더러 이 기업에서 어떤 제품을 파는지 너무나도 분명하게 알 수 있기 때문이다.

현재 빅 애스 팬은 750명의 직원을 갖추고 2억 5천만 달러의 매출액을 자랑하는 팬 산업 부문의 선두로 나섰다. 너무 넓어 온냉방이 어려운 상업 시설에서 활약하고 있으며, 의외의 장소 곳곳에서 빅 애스 팬의 제품을 찾아볼 수 있다. 최근에는 미국 애틀랜타^{Atlanta}에 위치한 월드 오브 코카콜라^{World of Coca-Cola} 박물관의 매표소에서 그 모습을 보았다. 빅 애스 팬의 활약으로 관람객들은 애틀랜타의 뜨거운 태양에 시달리지 않고 시원한 바람을 쐴 수 있었다.

서술적 네임은 어디에나 존재한다. 넷플릭스^{Netflix}('플릭스^{flix}'는 영화를 뜻하는 단어 'flicks'를 변형한 형태이다)는 인터넷으로 볼 수 있는 영화를 연상시킨다. 트립어드바이저^{TripAdvisor}는 여행 팁과 정보를 제공한다.

암시적 네임

암시적 네임은 기능성과 독특함 덕분에 브랜드 네임의 종류 중 가장 인기가 많다. 암시적 네임을 잘 활용한다면 제품에 대한 고객의 사전 이해도를 기반으로 브랜드를 더 창의적으로 포지셔닝할 수 있다.

러쉬 코스메틱Lush Cosmetics은 고객이 자신만의 경험을 떠올리게 만드는 암시적 네임의 예이다. 식품이나 공예품과는 달리 화장품에서는 '수제'나 '장인이 직접 만든 제품' 같은 포지셔닝 홍보 문구를 쉽게 찾아보기 힘들다. 따라서 '자연에서 얻은 신선한 재료로 손으로 직접 만든 화장품Fresh Handmade Cosmetics(프레시 핸드메이드 코스메틱)'은 획기적인 발상이었다. 러쉬는 조제 식품점이나 농산물 직판장에서나 따를 법한 원칙과 규범을 베껴 화장품과 목욕용품 시장에 접목했다.

1995년, 천연 목욕 제품과 미용 제품을 꿈꾸던 6명의 기업가는 신생 기업을 설립하며 네이밍 대회를 주최했다. 회사의 첫 소식지와 상품 카탈로그에는 독자들의 도움을 요청하는 공고가 올랐다. 마침내 한 독자가 고객의 마음에 확실하게 와닿는 브랜드 네임으로 '러쉬'를 제안했다. 설립자들이 브랜드를 통해 들려주고 싶은 이야기를 대변하고, 제품의 신선함과 푸르른 자연의 이미지를 전할 수 있는 네임이었다.

오늘날의 러쉬는 화장품 산업 안의 상징적이고 주목할 만한 브랜드로 자리잡았다. 어느 골목 근처에만 들어서도 러쉬의 상점에서 새어 나오는 향기를 맡을 수 있을 만큼 두텁고 광적인 팬층의 지지로 운영된다. 러쉬의 팬들은 레딧Reddit(소셜 뉴스 웹 사이트)이나 페이스북 그룹에 화장 팁과 출시 예정 상품 정보를 공유하며 친목을 다지기도 한다.

러쉬는 제품 전반에 걸쳐 브랜드 네임을 효과적으로 활용하는 브랜드이다. 러쉬의 제품들은 화려한 색감과 대담한 향을 기반으로 만든 재미있고 발칙한 브랜드 네임이 특징이다. 러쉬의 입욕제 허니 아이 워시드 더 키즈Honey I Washed the Kids, 섹스 밤Sex Bomb, 드래곤스 에그Dragon's Egg, 가디언 오브 더 포레스트Guardian of the Forest와 같은 네임만 보아도 알 수 있다. 샤워 젤은 플럼 레인Plum Rain, 오티 크리미 드리미Oaty Creamy Dreamy, 스노 페어리Snow Fairy, 마스크 팩은 마스크 오브 매그너민티Mask of Magnaminty, 돈트 룩 앳 미Don't Look at Me, 로지 칙스Rosy Cheeks와 같이 멋진 네임을 가지고 있다. 어디를 둘러 봐도 러쉬의 모든 제품에는 생명과 에너지와 황홀한 향이 가득 담겨 있다.

VISA

ripple

LUSH FRESH
HANDMADE
COSMETICS

TESLA

추상적 네임

듣는 것만으로는 의미를 알 수 없는 추상적 네임은 무한한 유연함이 특징이다. 상품과 관계없는 애플이나 캐터필러 같은 브랜드 네임이나, 버라이즌과 코닥처럼 새롭게 만들어진 신조어일 수도 있다. 의미로부터 자유로운 추상적 네임은 그 자체로 브랜드의 아이덴티티를 대표하는 하나의 이미지가 된다.

여기 블루투스Bluetooth를 예로 들어보자. 블루투스라는 브랜드 네임만 들으면 이게 무엇인지 알 수 있겠는가? 확실히 기억하기 쉽지만, 그 자체로는 별 의미가 없다. 기술 전문 회사 같은 분위기도 풍기고, 야후Yahoo!, 옐프Yelp, 훌루Hulu처럼 기술 전문 브랜드의 네임처럼 들리기도 한다. 그러나 그 내면에는 더 자세한 이야기가 숨겨져 있다.

블루투스는 서기 958년부터 986년까지 덴마크의 바이킹 국왕이었던 하랄 '블라탄' 곰슨Harald 'Blåtand' Gormsen의 이름에서 유래했다. 블라탄 왕에게 요상한 별명이 붙은 데에는 이유가 있다. 고대 스칸디나비아 언어 '블라탄'은 '푸른 이blue tooth'라는 뜻을 가졌다. 전설에 따르면 그는 파랗게 변한 썩은 이 때문에 죽었다고 전해진다.

블라탄 왕은 덴마크를 통일하고 노르웨이 일부를 무력 없이 정복한 업적으로 유명하다. 그에게는 종교, 부족, 섬기는 군주가 누구인지 상관없이 비폭력적인 협상을 통해 사람들의 마음을 움직이는 비상한 능력이 있었다. 이런 왕의 능력은 첨단 기술 기업 인텔Intel, 에릭슨Ericsson, 노키아Nokia가 추진하던 새 사업 기획을 완벽하게 대변했다.

1996년, 각각의 기업들은 단거리 무선 링크를 이용한 기기 장치들 사이의 통신 기술을 표준화하는 작업에 한창이었다. 인텔의 비즈-알에프Biz-RF, 에릭슨의 엠씨-링크MC-Link, 노키아는 로우-파워 알에프Low-Power RF기술의 업계 표준화를 위해서는 세 기업 간의 협력이 필요했다. 경쟁사의 관계였던 세 기업은 결국 특별 이익 단체 SIGSpecial Interest Group를 구성하고 동업자의 관계를 맺었다.

SIG의 초기 구성원이었던 짐 카다크Jim Kardach는 브랜드 네임의 유래를 이렇게 설명한다. "마케팅팀에서 정식 기술명을 통과시키기 전까지는 SIG를 블루투스라는 '암호명'으로 부르자고 인텔에서 먼저 제안했습니다." 기업들은 블루투스라는 브랜드 네임이 담은 의미에 열광했다. "블루투스가 스칸디나비아를 통일한 업적으로 유명했듯이, 근거리 무선통신 연결 기술로 개인 컴퓨터와 무선 전화 산업을 통합하고 싶었던 우리의 목적을 대변하는 브랜드 네임이라고 생각합니다."

마케팅팀은 근거리 개인 통신망이라는 뜻으로 팬PAN, personal area network을 제안했다. 광역망을 뜻하는 완WANs, wide area networks과 근거리 통신망을 뜻하는 랜LANs, local area networks이 이미 존재했기 때문에 논리적으로 타당한 선택이었다. 그러나 상표 검색을 마친 기업의 변호사들은 다른 브랜드 네임을 찾기를 권유했다. 시간이 촉박했던 SIG 팀은 암호명으로 사용했던 '블루투스'를 기술명으로 택했다.

추상적이지만 멋진 비하인드 스토리를 가진 브랜드 네임 블루투스는 아직도 일상 속에서 쓰이고 있다. 브랜드 아이덴티티가 어떻게 세상과 공유하고자 하는 이야기를 만들어 내고 브랜드 네임에 생명을 불어넣는지 보여주는 훌륭한 예시다. 블루투스의 로고마저 하랄 블라탄 국왕의 이름에서 영감을 받아 제작되었다. 블라탄 왕의 이니셜 H와 B를 고대 스칸디나비아어의 룬 문자로 나타낸 것이다.

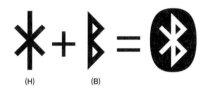

네이밍 스펙트럼

모든 브랜드 네임이 항상 3가지 기준에 깔끔하게 들어맞지는 않는다. 여기에는 분명한 경계보다는 스펙트럼에 가까운 기준이 있다. 어떤 브랜드 네임은 다른 브랜드 네임보다 더 서술적이거나 추상적일 수 있다.

브랜드 네임의
개발 과정

실제 단어

세상에는 무한한 기회의 문들이 열려 있다. 세상 모든 언어에 존재하는 단어가 언제든지 브랜드 네임으로 쓰일 수 있다. 메리엄 웹스터 사전에는 계속해서 새롭게 생겨나는 속어들을 제외하고도 이미 총 47만 개의 단어가 수록되어 있다. 영어가 아닌 다른 언어에 존재하는 수천수만의 단어들도 잊지 말자.

　　브랜드 창시자의 이름을 딴 에르메스^{Hermès}나 존 디어 ^{John Deere}, 역사에 등장하는 빅버사^{Big Bertha}나 테슬라^{Tesla}, 그리스 로마 신화의 나이키나 판도라^{Pandora} 등 네이밍에는 다양한 방법이 있다. 매혹적인 브랜드 네임의 홍수에 몸을 맡겨보자.

실제 단어 —————————————————————

합성어 —————————————————————

합성어

단어들을 조각내고 이어 붙여 새 단어를 만들 때도 네이밍의 즐거움을 느껴볼 수 있다. 단어 Shop에 접미사 '-ify'를 붙여 쇼피파이^{Shopify}를 만든 사례도 있다. 긴 단어들은 잘라내도 된다. 페덱스^{FedEx}는 페더럴 익스프레스^{Federal Express}를 합친 브랜드 네임이고, 시스코^{Cisco}는 샌프란시스코^{San Francisco}를 짧게 부르는 브랜드 네임이다. 마이크로소프트나 인스타그램 같은 합성어와 페이스북이나 스냅챗처럼 두 단어를 붙인 복합적인 브랜드 네임도 있다.

언어는 아름다운 것이다. 단어를 조합하고 발명하며 네이밍을 해 보자.

신조어

추상적 네임의 궁극적인 형태는 새로운 단어의 발명이다. 새롭게 발명되는 신조어들은 보통 표음 네임과 라틴어 네임 두 종류로 구분할 수 있다. 소리 나는 대로 철자를 적은 코닥, 아큐라^{Acura}, 클로락스^{Clorox}가 표음 브랜드 네임에 해당한다. 라틴어에 어원을 둔 액센츄어, 다사니^{Dasani}, 비아그라^{Viagra} 같은 브랜드 네임들은 조금 더 과학적으로 들린다. 약품명 대부분이 라틴어에 어원을 두고 있는 이유이다.

신조어 —————————————————————————

verizon√ *Swiffer*

두문자어 —————————————————————————

두문자어

두문자어는 문구의 머리글자를 모아 단어나 브랜드 네임으로 만든 준말이다. 일반적으로 악평을 받는 일이 많지만 아주 효과적인 브랜드 네임의 형태 중 하나다. 그 예로 아플락^{Aflac}이나 스쿠버^{Scuba}도 개성 있고 기억하기 쉬운 두문자어 브랜드 네임의 일종이다.

두문자어 브랜드 네임의 매력은 어떻게 발음하느냐에 달렸다. 하나의 단어처럼 발음되는 레이저^{Laser}(Light Amplification by Stimulated Emission of Radiation의 두문자어)가 있는 한편, 일련의 알파벳으로 발음되는 IBM도 있다. 시디롬^{CD-ROM}이나 제이페그^{JPEG}처럼 알파벳과 단어의 발음 사이에 존재하는 브랜드 네임은 물론, 약칭도 두문자어 네임에 해당한다. AAA 크기 건전지는 '트리플-에이', 미국의 흑인인권 단체인 NAACP는 '앤 더블-에이 씨 피'라고 발음한다.

두문자어 사용에 겁먹지 말자. 잘 사용하기만 하면 재미있고 효과적인 브랜드 네임을 만들 수 있다.

철자가 틀린 단어

첨단 기술 기업들은 닷컴 도메인을 차지하기 위해 오랜 시간 동안 영어를 훼손시켜 왔다. 플리커가 선두로 브랜드 네임에서 모음을 빼며 웹 2.0$^{Web 2.0}$(사용자 참여를 중시하고 쌍방향 소통을 통한 콘텐츠 공유가 가능한 웹 서비스) 시대에 맞는 네이밍 트렌드를 만들어 냈다. 텀블러^{Tumblr}, 스크립드^{Scribd}, 퀴저^{Qzzr}와 같은 기업들이 이에 영감을 받은 대표적인 예이지만, 그 외에도 많은 브랜드가 이미 오래전부터 철자를 고의로 틀려왔다.

라이스 크리스피$^{Rice\ Krispies}$, 트릭스^{Trix}, 후르츠 룹^{Froot} ^{Loops}, 플레이도우$^{Play-Doh}$, 쿨에이드$^{Kool-Aid}$처럼 우리가 자라며 흔하게 먹고 쓰며 자란 브랜드를 떠올려 보자. 많은 사람이 수십 년 동안 소비해 온 브랜드지만 아무도 하던 일을 멈추고 "왜 철자를 이렇게 썼을까?" 하며 궁금해하지는 않았을 것이다.

언어를 즐겨라

네이밍은 재미있고, 창의적이고, 우리에게 영감을 준다. 물론 네이밍에도 체계와 질서가 존재하지만, 그것들을 맹목적으로 지켜야 하는 것은 아니다.

당신에게는 탐험하고, 실험해 보고, 새롭고 멋진 브랜드 네임을 창조할 자유가 있다. 스스로 걸어 두었던 족쇄에서 벗어나 당신의 가능성을 시험해 보자.

idea

Keep ...

NAME = SUCCESS

find it

CROSS

name
new name
best name

*make a blueprint

build

POWERFUL

how do we reach them?

*w...

BOOK

CRATE

"shape the future"

target? — who??
— how?
— why?

plan

HOW DO WE CAPTURE meaning?

at will make unforgettable?

name

who are we?
(*important!)
→ name
→ wordmark

brand

NOTES

*don't forget our target

BRAIN STORM

MAKE IT BRILLIANT

SUN

PLAN PLAN

taken!
...com
www.name.com
guess we have to go with this one?!

(this process ... sucks!!)

"brand experience"
will who does design it?

logo

SYNONY...

what will

=

at if our brand ... sal?

말이 가진 설득의 힘

얼마나 쉽게 발음할 수 있는가,
혹은 듣는 이에게 어떻게 들리는가.
이것이 브랜드가 네임을 통해
세상에 들려줄 이야기를 결정한다.

남 들 과

진 것이다.

외국 브랜드처럼
들리니까 틀림없이
좋은 제품일 거야

하겐다즈Häagen-Dazs는 언뜻 들으면 유서 깊은 고급 브랜드 네임처럼 들리지만 사실 처음부터 끝까지 새롭게 만들어진 말이다.

하겐다즈는 언어의 힘을 잘 알고 있었던 뛰어난 기업가 루벤 매투스Reuben Mattus에 의해 설립되었다. 1921년, 미국으로 이민한 루벤과 그의 어머니 레아Lea는 삼촌이 운영하는 이탈리아식 얼음 공장에서 일했다. 모자는 레몬즙으로 얼음을 만들어 말과 마차에 싣고 다니며 이웃들에게 판매했다.

모자의 노력과 검소한 생활 습관 덕분에 집안의 형편은 금세 좋아졌다. 자금에 여유가 생긴 1929년에는 레아의 이름으로 세너터 냉동식품Senator Frozen Products의 문을 열었다. 영업과 마케팅은 루벤이 맡아 이후 20년 동안 어머니의 회사 경영을 도왔다.

여느 기업이 그렇듯 레아의 회사도 많은 우여곡절을 겪었다. 제2차 세계대전이 끝나고 회사는 힘든 시기를 보냈다. 점점 더 많은 사람이 식료품점에서 장을 보기 시작했다. 이것은 대기업들에만 유리한 소비 형태였다. 고품질이지만 저가에 판매되는 대형 아이스크림 제조사들의 제품들이 냉동식품 진열대를 꽉꽉 채웠다. 대형 기업들의 품질은 물론 가격도 따라갈 수 없었던 세너터에게는 난감한 상황이었다.

시장의 변화를 감지했던 루벤은 어머니를 설득하기 시작했다. 그는 제품의 질을 높여줄 새 장비를 들여 기포를 줄이고 유지방을 더 첨가한 아이스크림을 만들자고 제안했지만, 레아의 반대에 부딪혔다. 레아는 지금까지 해 왔던 것처럼 과자점과 식당에만 제품을 납품하길 바랐다.

10년에 가까운 설득 끝에 레아는 결국 아들의 뜻에 따르기로 했다. 레아는 더는 대기업들에 밀려나고 싶지 않았다. 여기까지의 이야기를 들은 나는 웃을 수밖에 없었다. 누구든지 가업을 이어본 사람이라면 루벤의 고충을 충분히 이해할 수 있으리라.

어머니의 전적인 지지와 함께 루벤은 본격적으로 식료품점에 납품할 아이스크림을 개발하기 시작했다. 그의 첫 아이스크림의 이름은 치로스^{Ciro's}로, 출시 후 몇 년 동안 꾸준한 성공의 가도를 달렸다. 그러나 곧 대기업들이 루벤의 작은 회사에 시장 점유율을 빼앗기고 있다는 사실을 알게 되었다. 뉴욕 타임스^{New York Times}와의 인터뷰에서 루벤은

"우리 회사가 시장에 침투하고 있는 것을 대기업들이 알아채자마자 회사는 부도 위기를 맞았다."라고 말했다.

대기업이 가해 오는 직접적인 경쟁을 피하고자 루벤은 상류층을 대상으로 한 제품을 만들기로 했다. 그는 자신만의 시장을 찾고 싶었다. "최고의 재료로 제조 과정을 직접 처음부터 끝까지 지켜본다면 조금 비싸더라도 사는 사람이 있으리라 생각했습니다." 루벤은 이렇게 설명했다.

오늘날에는 최고급 아이스크림 시장이 뚜렷하게 확립되어 있다지만 1955년에는 위험 부담이 큰 결정이었다. 세너터는 새 장비를 사고 새롭게 개발된 제조법으로 아이스크림을 만들기 시작했다. 어머니와 함께 일구어 낸 브롱크스Bronx(미국 뉴욕주의 자치구)의 작은 회사의 미래를 바꾼 독점적인 브랜드의 탄생이었다.

새 브랜드의 핵심은 브랜드 네임에 있었다. 한 인터뷰에서 루벤은 이렇게 말했다. "가장 중요한 것은 맛 좋은 제품을 만드는 것입니다. 하지만 그다음으로는 광고에 가장 많은 힘을 쏟았습니다… 남들과 같다면 진 것이나 다름없습니다. 제품 네임을 외국어처럼 들리게 하는 것이 가장 중요했습니다."

"제품 네임을 외국어처럼 들리게 하는 것이 가장 중요했습니다."

루벤의 말을 가슴 깊이 명심하자. 남들과 같다면 진 것이나 다름없다.

루벤은 곧 브레인스토밍에 들어갔다. 그의 딸 도리스 Doris는 아버지가 늦은 밤 식탁에 앉아 지어낸 말들을 중얼거리는 모습을 볼 수 있었다. 루벤은 자신이 찾는 이미지에 딱 맞는 브랜드 네임을 찾고 있었다. 도리스의 말에 의하면 그의 아버지는 덴마크어처럼 들리는 브랜드 네임을 찾고 있었다고 한다. 덴마크어가 브랜드에 더 고급스러운 느낌을 준다고 믿었기 때문이다. 루벤이 마침내 찾은 단어는 하겐다즈였다.

아무 의미도 없는 말이었지만 미국의 소비자들은 그렇게 똑똑하지 않았다. 꼭 구세대에서 전해 내려온 아이스크림의 느낌을 주는 브랜드 네임이었다. 마케팅의 천재였던 루벤은 브랜드 네임을 짓는 데서 멈추지 않고 가장 처음 판매된 아이스크림의 패키지에 스칸디나비아의 지도를 그려 넣었다. 하겐다즈가 미국이 아닌 외국에서 수입된 듯한 인상을 주기 위해서였다.

하겐다즈에는 성공할 수밖에 없는 3가지 이유가 있었다. 첫째, 아이스크림의 재료가 우수했다. 하겐다즈에 들어가는 초콜릿은 벨기에에서, 바닐라는 마다가스카르에서, 커피는 콜롬비아에서 수입되는 최상급이었다. 둘째, 가격이 싸지 않았다. 하겐다즈가 출시된 1961년 당시, 아이스크림은 한 통에 50센트에 판매되었다. 하겐다즈는 이보다 50퍼센트 더 높은 가격인 75센트에 판매되었다. 셋째, 하겐다즈의 등장은 전에는 없었던 최고급 아이스크림 시장을 개척했다. 대기업과 경쟁하지 않아도 되는 하겐다즈만의 시장을 확보한 것이다.

루벤 매투스의 도박은 성공이었다. 1970년대, 하겐다즈는 미국 전역에서 팔리는 인기 브랜드가 되어 있었다. 1976년에 처음 문을 연 하겐다즈 아이스크림 판매점을 시작으로 불과 /년 만에 전 세계에 900여 개의 지점이 생기기도 했다. 1983년에는 필즈베리Pillsbury에게 인수된 후 꾸준한 성장세를 보여 왔다. 하겐다즈는 현재 네슬레Nestlé의 소유이다.

외국어처럼 들리는 브랜드 네임을 선택한 루벤의 판단을 뒷받침하는 연구 결과도 나왔다. 연구 보고서 〈신흥 국가에서 발생하는 외국어 브랜드 네임의 양면성The Double-Edged Sword of Foreign Brand Names for Companies from Emerging Countries〉의 공동 저자 발렌티나 멜닉Valentyna Melnyk은 다음과 같이 설명한다. "약 25퍼센트에 달하는 소비자가 상품의 원산지 정보를 바탕으로 구매 결정을 내리는 것으로 나타났다……. 예를 들어 프랑스어 브랜드 네임은 상품을 향락적으로 인식하게 만들고, 독일어 브랜드 네임은 실용적인 인상을 준다. 어떤 상황이든 외국어 브랜드 네임을 듣는 소비자는 자연스럽게 상품의 원산지를 해외로 인식하게 된다."

브랜드 네임이 귀에 들리는 방식이 이야기의 시작점이다. 이는 소비자의 마음에 브랜드를 각인시키고 제품에 무엇을 기대할 수 있는지 암시하는 역할을 한다.

루벤 매투스는 하겐다즈가 다른 브랜드와는 다른 특별한 이야기를 전할 수 있다고 믿었다. 특히 타국에서 건너온 듯한 오래되고 고급스러운 인상의 브랜드 네임이 미국의 소비자들에게는 더 특별한 방식으로 다가갈 것으로 생각했다. 발음하기 힘들고 철자를 쓰기도 어려운 브랜드 네임이지만, 바로 그 점이 다른 브랜드보다 비싼 가격에 살 가치가 있다고 암시했기 때문이다.

　당신이 선택하는 브랜드 네임에는 설득의 힘이 담겨 있다.

소리는 의미를
전달한다

'스위퍼Swiffer'라는 브랜드 네임은 가볍고 쓰기 간편한 상품을 연상시킨다. 말 그대로 '스위프트swift('빠른', '날랜'이라는 뜻을 의미한다)' 상품이 떠오른다. 1999년, 프록터 앤드 갬블Procter & Gamble은 스위퍼 청소 용품 시리즈를 출시했다. 신조어 '스위퍼'는 용품을 통한 빠르고 간단한 청소 시스템을 암시했다.

얼마나 쉽게 발음할 수 있는가, 혹은 듣는 이에게 어떻게 들리는가. 이것이 브랜드가 브랜드 네임을 통해 세상에 들려줄 이야기를 결정한다. 다음 장의 두 그림을 살펴보자. 어떤 그림이 '타케테takete'이고 어떤 그림이 '말루마maluma'일까?

당신이 나를 포함한 사람들의 98퍼센트 중 한 명이라면 곡선의 그림이 말루마이고 삐죽삐죽한 그림이 타케테라고 답했을 것이다. 사실 두 단어 모두 독일의 심리학자 볼프강 쾰러Wolfgang Köhler가 연구를 위해 만들어 낸 단어이다. 1929년, 쾰러는 우리가 자연스럽게 어떤 소리와 모양을 연관시킨다는 음의 상징sound symbolism을 증명하고자 했다.

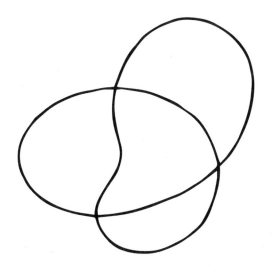

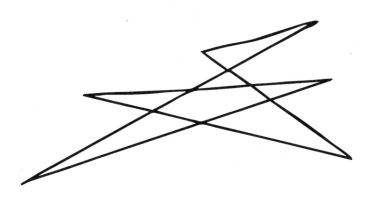

퀼러는 "그림을 보여주며 '타케테'나 '말루마'처럼 아무 의미 없는 단어와 짝을 짓게 하면 대부분의 사람은 고민하지 않고 바로 대답한다. 원시 사회의 언어는 사물과 사건을 시각이나 촉각으로 인지할 때 보이는 유사점에서 발생해 왔다는 명제를 뒷받침하는 증거이다."라고 말했다. 이어서 "학계가 이 증거를 인정한다면 인류는 개인의 주관적인 경험이 사실의 인식을 통해 공통점을 형성한다는 중대한 사실을 발견한 것이 된다."라고 했다.

'말루마'에는 발음하는 순간 아메바의 형상을 연상시키는 무언가가 있다. 물결 모양의 부드러운 발음은 단어가 혀에서 굴러 나오는 느낌을 준다. 그에 반해 '타케테'는 조금 더 투박한 느낌의 단어 '카라테karate'와 비슷하게 발음된다. 단어를 발음할 때 날카로워지는 혀의 억양이 시각적으로 뾰족한 도형을 그리며 움직이는 펜의 모양을 연상시킨다.

소리는 사람들이 말을 이해하는 방식에 영향을 미치는 언어의 근본이다. '늑장 부리다'를 의미하는 '더들dawdle[ˈdɔːdl]'과 '구불구불하다'를 의미하는 '미앤더meander[miˈændə(r)]'는 느리게 들리지만, '재빠르다'는 뜻의 스위프트swift[swɪft]나 '전력 질주'를 의미하는 스프린트sprint[sprɪnt]는 빠른 단어처럼 들린다. '꾸물거리는 나이 든 남자a dawdling old man'라는 말을 들으면 마음속에 떠오르는 이미지가 있을 것이다. 반면 8번이나 올림픽 금메달을 거머쥔 세상에서 가장 빠른 인간 '우사인 볼트Usain Bolt'는 이름마저 빠르게 달리기 위해 태어난 사람 같다.

우사인 볼트가 날쌘 사람의 이름처럼 들리는 이유는 철자의 자음 B와 T가 파열음(폐에서 나오는 공기를 일단 막았다가 그 막은 자리를 터뜨리면서 내는 소리)이기 때문이다. B, D, P, T와 같은 파열음의 발음에는 날카롭고 충격적인 느낌을 주는 효과가 있다. 예를 들어 부드러운 소리로 시작하지만 날카로운 소리의 자음으로 끝나는 단어는 거칠고 공격적인 느낌마저 든다. 욕설이나 비속어를 생각해 보자. 당신이 지금 일하는 중이라면 입 밖으로 욕을 해 보라고 추천하지는 않겠지만, 사무실에 당신 혼자 있다면 연습해 봐도 좋다. 집처럼 안전한 공간에서 욕을 하면 속이 후련하다.

아이디어를 떠올릴 때면 떠올린 단어를 입 밖으로 소리 내 말해 보자. 네이밍 아이디어를 테스트할 때도 마찬가지이다. 떠올린 단어를 소리 내 말해 보길 바란다. 브랜드 네임은 주로 언어적인 의사소통 과정에서 쓰인다. 브랜드를 찾으려면 브랜드 네임을 알아야 한다. 심지어 머릿속에서 브랜드를 떠올릴 때도 브랜드 네임의 발음대로 떠올리기 마련이다. 말이 가진 설득의 힘은 그 말이 사람들에게 들리는 방식에 좌우된다.

구체적인 단어는
시각적 이미지를
제공하기 때문에
더욱 기억에 잘 남는다.

이름은 시각적인
이미지를 제공한다

들었을 때 사람들의 마음에 이미지를 불러일으키는 이름에는 설득의 힘이 있다. '블랙홀'이라는 용어가 어떻게 물리학계 전체를 바꿔 놓았는지 기억하라. 블랙홀은 단 2개의 단어만으로 복잡하고 추상적인 물리학 개념을 시각적으로 그려냈다.

　인상 깊은 브랜드 네임은 보통 '구체적인 단어'에 기반한다. 여기서 구체적인 단어란 마음속에 시각적 이미지를 불러일으키는 단어나 문구로, '혁신적인innovative', '획기적인revolutionary', '세계 최상급의world-class' 같이 추상적이고 두루뭉술한 단어를 더 쉽게 이해하고 기억하도록 도와준다. 추상적 단어의 문제점은 듣기는 좋지만 확실한 형체를 떠올릴 수 없다는 데 있다. '혁신적'이라는 단어를 생각해 보자. 어떤 이미지가 떠오르는가?

혁신적이라는 단어를 사용해 만든 자동차 회사 홍보 문구를 살펴보자.

■ 혁신적인 전통 의식
■ 미국인의 혁신 주도
■ 기대를 모으는 혁신

위의 문구를 들었을 때 머릿속에 어떤 이미지를 떠올렸는가? 아마 떠올리지 못했을 것이다. 홍보 문구들이 각각 어떤 브랜드를 대표하는지 즉각적으로 알 수 있었는가? 알 수 없었대도 놀랍지 않다. 정답은 순서대로 파이어스톤Firestone, 포드, 닛산Nissan이다. 확실한 이미지를 떠올리지 못하면 문구가 소개하고자 하는 아이디어를 오래 기억하기 쉽지 않다.

'혁신적인'처럼 추상적인 단어는 분명 말하는 사람을 똑똑해 보이게 만든다. 말할 때 기분도 좋다. 하지만 사람들의 마음에 깊게 자리 잡는 단어는 아니다. 그 증거로 위의 문구들은 완전히 잊혀 사라진 지 오래다.

반면 시각적 이미지를 가진 구체적인 단어는 훨씬 기억하기 쉽다. 50년이 넘는 세월 동안 엠엔엠스M&M는 '손에서 녹지 않고 입에서 녹는' 초콜릿을 홍보해 왔다. 이 홍보 문구에서는 단 하나의 추상적 단어도 찾아볼 수 없다. 분명하고, 간단명료하고, 직접적인 메시지를 전하는 문구이다. 엠엔엠스의 초콜릿을 직접 먹어보지 않고 그 맛까지

Crate&Barrel

facebook

알 수는 없겠지만 최소한 먹는 동안 손이 더러워지지는 않을 것이란 사실을 알 수 있다.

서술적 네임과 암시적 네임의 진가는 구체적 단어와 함께할 때 발휘된다. 홀푸드마켓^{Whole Foods}이라는 브랜드 네임은 영양 만점^{wholesome}의 건강한 식품을 판매한다는 인상을 준다. 온라인 식당 예약 서비스 업체 오픈테이블^{OpenTable}은 "식사 가능한 테이블^{open table}이 있나요?"라는 질문에서 비롯된 브랜드 네임이다.

모든 기업이 같은 방법을 쓰지는 않겠지만, 고객의 마음에 시각적 이미지를 그려내는 네이밍 방식은 아주 훌륭한 네이밍 전략 중 하나다.

단순할수록 성공적이다

하겐다즈의 성공은 이례적이었다. 발음하기 힘든 브랜드 네임이지만 전략적이었기 때문에 가능했던 성공이었다. 당신의 네이밍 프로젝트는 좀 더 단순한 브랜드 네임으로 진행되었으면 하는 개인적인 바람이 있다. 단순한 브랜드 네임에 더 강력한 설득의 힘이 있기 때문이다.

시겔+게일^{Siegel+Gale}의 최고 마케팅 책임자 마거릿 몰로이^{Margaret Molloy}는 말했다. "최고의 브랜드는 사람들의 생활을 단순하게 만들어 줍니다. 고객이 원하는 물건을 고객이 원하는 시간에 번거로움 없이 제공하는 구글, 아마존, 던킨도너츠Dunkin' Donuts를 생각해 보세요. 이들이 업계 최고인 이유입니다.”

시겔+게일은 매년 글로벌 브랜드 단순화지수Global Brand Simplicity Index를 발표해 왔다. 2009년부터 발표되기 시작한 이 연구는 단순함이 기업의 전반적인 사업 실적에 미치는 영향을 설명한다. 몰로이는 단순함이 측정 가능한 방식으로 브랜드의 힘을 강화한다고 주장한다.

◆ 소비자의 63퍼센트는 더 단순한 소비 경험을 위해 돈을 더 지불할 의사가 있다고 밝혔다.
◆ 더 단순한 소비 경험을 제공하는 브랜드를 추천할 확률이 그렇지 않은 브랜드를 추천할 확률보다 69퍼센트 높았다.
◆ 놀랍게도 상위 10위에 등극한 브랜드들은 2009년부터 2014년까지 세계 평균 주가 지수를 214퍼센트 차이로 넘어섰다.

시끄러운 세상에서는 단순한 브랜드가 승리하는 법이다. 브랜드 네임도 마찬가지이다. 시장 조사 전문가 애덤 알터Adam Alter는 이렇게 설명한다. “사람들은 필요한 만큼보다 더 고민하기를 원치 않습니다. 이런 이유로 발음하고 이해하기 쉬운 단순한 사물, 인물, 상품, 단어를 선호하는 경향이 있습니다." 이를 증명하기 위해 알터와 그의 동료는 수백 개의 주식이 신규 상장[IPO, initial public offering] 이후 어떠한 실적의 변화를 보이는지 연구했다.

알터의 연구팀은 단순한 티커[ticker](주식 호가 시스템에 표시하는 증권의 약어)를 쓰는 기업들이 발음하기 어려운 티커를 쓰는 기업들보다 높은 주가 상승을 보인 것을 발견했다. 알디는 계속해서 설명한나. "OCIP, MEP, LEAF, WUBA처럼 발음이 가능한 티커를 가진 기업들은 1퍼센트에서 15퍼센트의 주가 상승률을 보였습니다(순서대로 OCI 그룹, 미드코스트 에너지 파트너즈[Midcoast], 스프링리프 파이낸셜[Springleaf], 58.com의 티커 네임). 반면에 ESNT, BRX, MVNR, TWTR처럼 발음이 어렵거나 불가능한 티커를 가진 기업들은 0.5퍼센트에서 14퍼센트의 하락세를 보였습니다(이센트 그룹[Essent], 브릭스모어 프로퍼티 그룹[Brixmor], 마베니어[Mavenir], 트위터[Twitter]의 티커 네임)." 연구팀은 개별의 주식을 살펴보면 티커 말고도 주가의 변동에 영향을 미친 다양한 요인이 있음을 인정했지만, 대규모의 데이터 표본을 대상으로 할 때 자신의 이론이 충분히 유효성을 입증한다고 주장했다.

알터는 단순명료하고 이해하기 쉬운 것들에 마음이 끌리는 인간의 본성을 증명하고자 했다. 당연히 우리가 내리는 모든 결정이 이 본성의 영향을 받지는 않더라도 분명어느 정도의 영향은 받고 있을 것이다. 당신과 나도 마찬가지이다. 부모님이 주신 이름은 살아가는 인생의 궤적에 영향을 준다. 또 다른 연구에서 알터의 팀은 단순한 성을 가진 사람들이 더 인기 있다는 사실을 발견했다. 연구진은 "발음하기 쉬운 이름(과 그 이름을 가진 사람들)은 발음하기 어려운 이름보다 더 좋은 평가를 받는다."라고 설명했다.

이러한 발견들이 실제로 어떤 역할을 하는지 알아보기 위해 연구진들은 개인의 호감도와 학업적, 직업적 성과처럼 이름에 영향을 받는 사회 영역을 연구했다. 그 결과, 모든 연구에서 단순한 이름이 개인의 삶에 미치는 긍정적인 영향력이 발견되었다. 단순한 이름을 가진 사람들에게는 높은 호감도, 좋은 성적, 보수가 좋은 직장을 얻을 확률이 더 높게 나타났다. 그 예로 단순한 성을 가진 변호사들이 사무소에서 더 높은 직위를 차지하고 있었다.

당신이 선택한 브랜드 네임은 중요하다. 알터의 연구 결과에서 배운 사실을 토대로 발음하기 쉬운 브랜드 네임에 집중하기를 추천한다. 이제는 우리의 생활 속에 깊게 자리 잡은 시리Siri, 알렉사Alexa, 구글 어시스턴트Google Assistant를 생각해 보자. 타자로 입력하거나 클릭할 필요 없이 이름을 부르면 대답하는 음성 지원 기술들은 마치 사람과 같은 대우를 받고 있다. 부르기 쉽고 기억하기 쉬우므로 사랑받는 것이다. 브랜드도 마찬가지다. 단순한 네임의 브랜드는 더 많이 애용되기 마련이다.

물론 사람들이 복잡한 브랜드 네임을 일부러 피하지는 않는다. 하지만 오늘날처럼 치열한 경쟁 사회에서는 작은 경쟁 우위도 큰 변화의 밑거름이 된다. 자신 있게 말하겠다. 단순해져라.

독특한 브랜드 네임을
두려워하지 말라.

당신의 브랜드를
돋보이게 할
기회이다.

독특한 브랜드 네임을
두려워하지 말라

브랜드 네임이 기발하다고 해서 완벽하다는 뜻은 아니다. 브랜드 네임이 가진 결점과 독특한 점이 재미있고 인상 깊은 브랜드 네임을 만든다.

사람은 특이함에 끌리는 법이다. 빅뱅 이론^{The Big Bang Theory}의 주연 중 한 명인 셸든 쿠퍼 박사^{Dr. Sheldon Cooper}는 천재적인 물리학자이지만 결점으로 가득한 인물이다.

강박 장애를 가진 셸든은 노크를 할 때 3번에 걸쳐 문을 두드리고 찾는 사람의 이름을 부른다.

똑, 똑, 똑, "페니^{Penny}⋯⋯."

똑, 똑, 똑, "페니⋯⋯."

똑, 똑, 똑, "페니⋯⋯."

기이하지만 인상적인 행동이다. 셸든이라는 캐릭터를 잊기 힘든 이유이다.

이렇듯 사물의 특성이나 별난 점들은 사람들에게 깊은 인상을 남긴다. 기대에 어긋나는 것들은 오히려 더 강렬하게 기억에 각인된다. 독특함은 브랜드 네임을 잊지 못하게 만드는 요소로 작용할 수 있다. 브랜딩을 하며 꼭 알아두어야 하는 좋은 교훈이다.

노골적으로 결함을 만들어 유명해진 브랜드 네임도 있다. 예를 들어 브랜드 FCUK는 단순히 프렌치커넥션French Connection UK의 약자이다. 브랜드 네임이 공개되자마자 많은 논란이 이는 한편 브랜드를 기억하는 사람들이 많아졌다. 약자가 비속어 'fuck'을 연상시켰기 때문이다. 브랜드 네임이 너무나도 인상 깊었던 나머지, 브랜드는 빠른 속도로 정상을 향했다. 1997년('fcuk' 마케팅이 시작된 해)부터 2001년 사이 FCUK의 수익은 640만 유로에서 1,900만 유로로 치솟았고, 주가는 2.5배 가까이 급등하였다.

독특한 브랜드 네임은 브랜드에 경쟁 우위를 제공한다. 소비자들은 한 번 들었을 때 단번에 알아볼 수 있는 브랜드를 살 정도로 브랜드 네임의 역할은 중요하다. 일반적이지 않은 브랜드 네임을 채택하는 데 많은 용기가 필요한 이유이다. 별난 브랜드 네임은 부정적인 구설에 오르기 일쑤고, 논란에 휩싸이기도 쉽다. 특히나 규모가 큰 기업에서는 이 과정에서 가능성으로 가득한 좋은 브랜드 네임이 보수적인 이유로 버려지기도 한다. 그러나 남들과 다름을 두려워했다면 오늘날의 빅 애스 팬은 존재하지 않았을 것이다. 아주 소수의 기업만이 공식 회사명에 '엉덩이ass'라는 단어를 넣을만한 배짱을 가졌다.

슬랙Slack은 독특한 브랜드 네임을 채택한 또 다른 용기 있는 기업 중 하나다. 슬랙은 불필요한 이메일을 줄이고 팀원 간의 소통 효율을 향상해 주는 업무용 메신저 애플리케이션이다. 짧고, 강렬하고, 흠이 있는 브랜드 네임이다. '슬랙'이라는 단어는 부정적으로 쓰이는 경우가 많기 때문이다. '슬래커slacker'는 최소한의 일만 하는 게으른 사람을 뜻하고, 줄이나 전선이 느슨할 때면 '슬랙이 있다slack in the line'라고 표현하기도 한다.

너무 깊게 생각하다 보면 독특한 네임이 브랜드에 그다지 큰 도움이 되지 못한다고 느낄 수도 있다. 그러나 슬랙의 경우는 다르다. 팀원에게 최적의 업무 환경과 여유를 제공하는 기능의 슬랙은 암시적인 브랜드 네임의 훌륭한 예이다. 슬랙의 관계자는 말한다. "우리 브랜드 네임이 우습게 들릴 수도 있습니다. 하지만 생각해 보세요. 슬랙('여유', '느긋함')이 없으면 성취, 재미, 유연성, 배움, 발전도 일어나지 못합니다."

결점 없는 완벽한 히어로는 입체적인 캐릭터가 되지 못하듯이, 독특한 점 없는 브랜드 네임은 지루하게 들린다. 특정 산업 분야의 브랜드 네임은 다른 분야들보다 더 자유로운 네이밍이 가능할지도 모른다. 아무래도 상관없다. 독특한 네임을 두려워하지 말라. 당신의 브랜드를 돋보이게 할 기회. 너무 특이한 브랜드 네임은 부담스럽겠지만, 이 사실만은 꼭 기억하자. 안전한 브랜드 네임은 기능적이지만 쉽게 잊히고 만다. 독특함은 당신의 브랜드를 수면 위로 끌어올려 사람들의 마음속에 깊은 인상을 남긴다.

UNTAPPED TALENT
teamwork
incredible IDEAS
structure
guided exercises
open mind
hard work
EVERYO
IS CREA
make time to be creative
TECHNOLOGY IS A TIME SUCK.
CREATIVITY IS BEING STIFLED

내면의 창의력을 발휘하자

◆ 일정한 체계만 있다면 누구나
  창의적인 사람이 될 수 있다.
◆ 당신보다 당신의 브랜드를 더
  잘 아는 사람은 없다.
◆ 모든 기업에는 엄청난 창의력을
  갖춘 인재가 있다.

당신과
당신의 팀에는
엄청난 창의력이
잠재되어 있다.

누구에게나 창의적인
재능이 있다

나는 책의 초반부터 하나의 핵심적인 주제를 제시해 왔다. 현대의 기업들은 회사에 필요한 새로운 아이디어를 찾을 때면 외주부터 맡기고, 특히 네이밍 프로젝트는 외부에 의존하려는 경향이 강하다. 광고 대행사와 네이밍 전문 업체는 '더 창의적일 것'이라는 전제 아래에서 일하는 것이다. 내 생각은 다르다. 당신과 당신의 팀에게는 엄청난 창의력이 잠재되어 있다. 창의력을 깨우고 싶다면 그에 걸맞은 노력만 하면 된다. 사회가 개인의 창의력을 억누른다는 증거는 자료 몇 개만 찾아봐도 알 수 있다. 인류는 점점 더 똑똑해지고 있지만, 창의력은 감소하고 있다.

장기간에 걸쳐 지능 지수IQ와 창의성 점수를 연구한 플린 효과Flynn Effect와 토런스의 창의적 사고 검사Torrance Tests of Creative Thinking를 살펴보자. 플린 효과에 따르면 인류의 지능은 점점 높아져, 새로운 세대는 전 세대에 비해 약 10점 이상 높은 IQ를 가지고 태어나는 것으로 보고되었다. 놀라운 일이다.

연구를 이끌었던 제임스 플린[James Flynn] 박사는 건강의 향상이 지능의 향상에 큰 영향을 미쳤다고 주장한다. 현대로 오며 혈연 사이의 근친 교배가 점차 사라지고 영양 상태와 생활 환경이 향상되었다. 좋은 음식과 좋은 직업이 생기고, 친척과 결혼하는 사람들이 줄어들며 더 똑똑한 사람들이 태어나고 있다. 아주 훌륭한 현상이다.

플린 효과의 긍정적인 요소는 학생들에게서 나타났나. 내표적인 사례로 미국의 대학수학능력시험 SAT[Soholaotio Aptitude Test]의 평균 점수는 점점 상향하고 있다. SAT는 미국 전국의 고등학교 졸업 예정 학생들이 대입을 위해 치르는 시험의 일종이다. 김경희 박사는 자신의 혁신적인 연구 논문 〈미국의 창의력 위기[The Creativity Crisis]〉에서 "IQ가 높아지며 SAT 점수도 꾸준히 올랐다."라고 밝혔다.

그러나 지능에는 대가가 따른다. 김 박사는 계속해서 "1990년 이후로 IQ 점수는 높아졌지만, 창의력 점수는 현격히 감소했다."라고 설명한다. 토런스 검사는 참여자의 창의력, 발산적 사고력, 문제 해결 능력을 측정할 수 있도록 설계되었다. 김 박사는 1976년부터 2017년까지 실시된 토런스 검사의 결과를 토대로 창의력이 급락했음을 증명했다.

창의력 점수의 하락은 현실에서도 심각한 문제를 초래하고 있다.

◆ **독창적인 아이디어의 부재:** 문제나 과제 해결을 위한 아이디어는 물론, 개성 있고 독창적인 아이디어가 점점 사라지고 있다.

◆ **얕은 사고방식:** 사람들은 흑백 논리로 사고하기 시작했으며, 문제 해결을 위해 사물의 본질을 파악하려는 노력을 그만두었다. 당장 눈에 보이는 문제만 해결하는 풍토가 늘고 있다.

◆ **폐쇄적인 마음:** 김 박사는 "현대의 미국인들은 수십 년 전의 세대와 비교해 다른 사람들, 아이디어, 관점에 편협한 태도를 보인다."라고 주장한다.

창의력의 저하는 다양한 이유에서 발생하지만 산업화되는 교육 제도와 정형화된 시험의 결과를 중시하는 사회적 분위기가 특히 큰 요인으로 작용한다. 현대의 학생들은 미술 과목 같은 '소프트 스킬'보다 수학이나 과학 같은 '하드 스킬'을 더 중요시하도록 강요당하고 있다. 청년들은 영문학이나 역사 학위 등은 멀리하라는 조언을 듣기 일쑤다. 대학을 졸업해도 카페 점원보다 더 나은 커리어는 기대하지 못한다는 것이 그 이유다. 영문학을 전공한 사람으로서 분명히 밝히지만, 이는 사실이 아니다.

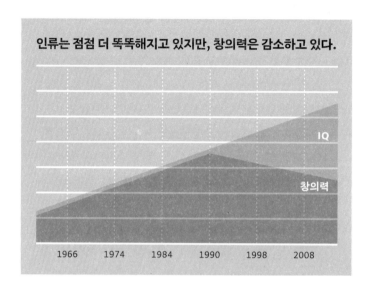

인류는 점점 더 똑똑해지고 있지만, 창의력은 감소하고 있다.

IQ

창의력

1966　　1974　　1984　　1990　　1998　　2008

　　일하고 살아가는 방식과 여가의 부족함이 우리에게 내재된 창의력을 질식시키고 있다. 기술의 발전은 삶을 윤택하게 만들겠다고 약속했다. 그러나 다음과 같은 상황이 실제로 우리 삶에 일어나고 있는지 생각해 보자. '어느 목요일 오후 3시, 당신은 오늘까지 해야 하는 업무를 모두 끝마쳤다. 이제 아무도 당신을 귀찮게 하지 못한다. 최근 업무효율이 최고치였기에, 더 해야 할 일도 없었다. 조금 일찍 퇴근하고 집에 가기로 마음먹었다. 집에 도착하니 여기서도 해야 할 일이 없다. 밀린 집안일 따위는 애초에 없었고 남는 건 자유롭게 쓸 수 있는 시간뿐이다. 시간이 너무 남아도니 새 취미를 만들어야 할지도 모르겠다.'

"창의력은
전염된다.
널리 퍼뜨리자."

~~알베르트 아인슈타인~~

He never said that.

    당신에게도 이런 일이 일어난 적 있는가? 시간이 너무 남아돌아 새 취미가 필요한 사람이 있는가? 장담하건대 아무도 없을 것이다!

    기술의 발전은 사람들의 시간을 잡아먹기 시작했다. 넷플릭스 정주행, 페이스북, 인스타그램, 트위터, 스마트폰 등, 거의 모든 기술이 우리의 시간과 관심을 앗아가고 있다. 기술이 설계될 때부터 이미 예견되었던 일이다. 페이스북의 수익과 미래는 사람들의 관심을 얼마나 잘 사로잡느냐에 달려 있다.

반면에 직장에서 쓰이는 기술은 다르다. 기업들은 기술을 이용해 적은 자원으로 많은 결과를 도출하는 방법을 알아냈다. 결과적으로 우리는 적은 자원으로 더 많은 업무를 해야 하는 상황에 이르렀다! 그렇지 않아도 집에서는 화면을 들여다보느라 시간이 부족한데 직장에서는 끝없는 업무와 압박감에 시달리고 있다. 중압감과 과로에 시달린 나머지 창의력을 발휘할 여유조차 없다.

부담감은 우리 내면의 창의력을 위축시켰다. 그러나 창의적 잠재력이 완전히 사라진 것은 아니다. 세상 누구에게나 창의적인 재능이 있다. 우리는 처음부터 창의적인 사람으로 태어났다. 김 박사는 "독수리는 좁은 우리 안에 갇혀 음식물 찌꺼기를 먹고 살기 위해 태어나지 않았다. 독수리가 하늘로 솟구치고, 세상을 여행하고, 음식을 찾아 떠나기 위해 태어났듯이 아이들도 창의적인 삶을 살기 위해 태어났다."라고 말했다.

김 박사가 세상을 바라보는 시각은 놀라울 만큼의 해방감을 선사한다. 모든 기업에는 아직 발견되지 못한 엄청난 창의력을 갖춘 인재가 있다. 당신과 당신의 팀원들에게도 창의력이 있지만, 다들 바쁜 업무에 쫓겨 깨닫지 못하고 있을 뿐이다. 체계적 가이드와 구체적인 적용 활동, 열린 마음과 노력만 있다면 당신 안의 창의력을 일깨워 훌륭한 브랜드 네이밍을 할 수 있을 것이다.

상승효과

네이밍은 혼자 해도 되지만 여럿이서 하면 더 즐거운 법이다. 팀원을 모아 더 많은 아이디어를 떠올려 보자.

기업의 설립자, 창작가, 발명가들이 획기적인 아이디어로 회사를 세우고 자신의 천재성을 발휘하는 고독한 천재의 이야기를 들어본 적 있을 것이다. 그러나 현실은 다르다. 링크드인의 공동 설립자 리드 호프만Reid Hoffman은 이렇게 말했다. "다른 사람들보다 아이디어를 창출하는 능력이 탁월한 사람들도 분명 존재합니다. 그러나 혼자 고민하기보다는 많은 사람이 동시다발적으로 아이디어를 떠올리는 것이 좋습니다. 최고의 아이디어가 89번째로 팀에 들어온 사람에게서 나올 수도 있고, 좋은 아이디어가 어디서 나올지는 결국 아무도 모르는 일이니까요."

팀원과의 협동이 획기적인 아이디어를 생성해 내는 데에는 2가지 이유가 있다. 첫째, 아이디어가 많을수록 독창적인 아이디어를 찾을 확률이 높아진다. 네이밍 후보가 많으면 많을수록 기발한 브랜드 네임을 발견하기 쉬워진다. 이를 뒷받침하는 연구 결과도 있다. 아이디어의 '목표 수량'을 설정한 그룹은 '목표 품질'을 설정한 그룹보다 더 뛰어난 품질의 아이디어를 더 많이 떠올릴 수 있었다. 실제로 목표 수량을 설정한 그룹은 30퍼센트 더 높은 품질의 아이디어를 제출했다.

둘째, 좋은 아이디어는 다른 아이디어를 토대로 구축된다. 아이디어를 형성하고 자극하고 더하는 과정이 또 다른 아이디어를 불러온다. 협동의 진정한 장점은 서로 창의력과 아이디어를 주고받으며 발전하는 데 있다. 하나의 아이디어가 다른 아이디어를 불러 새로운 방향으로 이끌고, 무직위의 아이디어 둘이 만나 개성 만점의 유일무이한 아이디어가 탄생한다.

팀과의 협동은 상승효과를 일으킨다. 당신을 포함한 2명의 소규모 팀도 좋고 함께 일하는 사람들 모두를 모아도 좋다. 사람이 많으면 많을수록 수백 수천 가지의 멋진 브랜드 네임을 떠올릴 확률도 커지기 마련이다.

직원에게는 외부인에게
보이지 않는 브랜드만의
이야기를 알아보는
능력이 있다.

당신보다 당신의
브랜드를 잘 아는
사람은 없다

외부 인력과의 협업에는 많은 시간과 돈이 필요하다. 당신의 기업에 관해 설명해야 함은 물론, 컨설팅 비용이 전체 프로젝트 비용의 최대 3분의 1을 차지할 정도이다. 컨설팅 회사는 의뢰인과 회의를 하고, 서류를 검토하고, 브랜드가 속한 산업군을 공부하고, 당신의 고객들과 면담을 한다. 오로지 당신이 이미 알고 있는 사실을 배우기 위해서다. 잠깐 하던 일을 멈추고 생각해 보자. 외부인이 당신의 브랜드를 배워가는 데 돈을 지불한다니, 아무리 아이디어를 얻기 위해서라지만 말이 된다고 생각하는가?

직장 동료와의 협업은 바로 여기서 진가를 발휘한다. 당신의 팀보다 당신의 기업이 하는 일과 브랜드가 몸담은 분야에 정통한 사람은 없다. 따로 시간을 내 가르칠 필요도 없다. 몇 년, 혹은 몇십 년 동안 함께 일하며 얻은 전문 지식은 고작 몇 시간에 걸쳐 벼락치기로 배우는 정보와는 비교할 수 없기 때문이다.

아이디어를 외부에서 찾는 것은 답이 될 수 없다. 당신만큼 당신의 브랜드를 잘 아는 사람은 없다. 최고의 아이디어는 이미 브랜드를 완전히 파악한 당신과 당신의 팀에게서 나온다.

브랜드 네이밍을 포함한 전략적 프로젝트를 진행하는 직원에게는 외부인에게 보이지 않는 브랜드만의 이야기를 알아보는 능력이 있다. 2018년, 시애틀에 본사를 둔 그룹 콘솔리데이티드 레스토랑Consolidated Restaurants은 E3 레스토랑E3 Co. Restaurant Group 그룹으로 브랜드 네임을 바꾸었다. CEO 짐 로우Jim Rowe는 네이밍 전략 설립의 중심이 기업의 역사가 된 배경을 설명하며 이렇게 말한다. "우리 기업의 역사에는 세월과 함께 전해 내려온 풍부한 이야깃거리가 가득합니다. 수십 년 동안 기업의 성공과 품질의 기준이 되어 온 자랑스러운 전통과 유산을 새 브랜드 네임에 담으려고 노력했습니다."

E3는 일반인에게는 낯설지만 짐 로우와 그의 직원들에게는 커다란 의미가 있는 문구이다. E3는 80년대 메트로폴리탄 그릴Metropolitan Grill의 전설적인 셰프 얼 오웬스Earl Owens가 개발한 조미료에서 유래했다. 그 시절에도 푸드네트워크Food Network(미국의 음식 전문 케이블 방송 채널)가 있었다면 〈철인 요리왕Iron Chef(푸드네트워크에서 방영한 요리 대결 프로그램)〉의 우승은 얼의 차지였을 것이다. 요식업계의 품질, 서비스, 참신함의 기준을 정립한 얼은 오늘날까지도 전설로 남아 있다. 또한, 메트로폴리탄 그릴은 꾸준히 미국의 스테

이크 전문 식당 상위 20위 안에 이름을 올리는 유명 레스토랑이다.

얼이 메트로폴리탄 그릴을 위해 개발한 조미료는 세월을 거듭하며 더욱 발전했다. E3는 '3대째 전해져 내려오는 얼의 조리법'이라는 뜻으로, 그의 조미료는 명성에 힘입어 E3 레스토랑 그룹의 계열사들 전부에서 적극적으로 수용되어 판매되기 시작했다. E3 그룹의 계열사는 메트로폴리탄 그릴, 엘리엇 오이스터 하우스Elliot's Oyster House, 하트우드 프로비전스Heartwood provisions, 윙 돔Wing Dome, 퀸시 버거Quincy's Burgers를 포함한다.

얼의 특제 조미료는 E3 기업의 유산이기도 하다. E3의 마케팅부장 니콜 알리Nicole Aly는 이렇게 말했다. "우리 직원들은 E3라는 브랜드 네임을 듣는 순간 자연히 얼이 남긴 유산과 역사를 떠올릴 수 있습니다. E3는 기업의 역사적 순간을 상징하고 우수성을 상징하는 브랜드 네임입니다." 만약 E3 그룹이 네이밍 에이전시를 고용했어도 이런 브랜드 네임이 나올 수 있었을까? 에이전시는 외부인의 입장에서 회사와 관련된 일화를 찾기 위해 질문 공세부터 퍼부었을 것이다. 그에 반해 E3의 직원들은 이미 얼의 이야기를 알고 있었다.

브랜드 네이밍 프로세스는 당신의 브랜드가 가진 지식과 역사를 십분 활용하도록 도울 것이다. 적절한 질문을 던지고 주어진 활동을 따른다면, 좋은 네임이 자연스럽게 떠오를 것이다.

팀원의 창의력을 해방시키자

아이디어는 소중하다. 그러므로 보호받고, 보살핌받고, 기념되어야 한다. 그러나 세상의 많은 아이디어가 쉽게 비난받고 짓밟히고 있다. 자신의 아이디어가 계속해서 무시당하다 보면 누구나 의욕을 잃고 소통을 관두는 법이다. 더심각하게는 자신의 창의력을 의심하게 되고 끝내 스스로가 창의적이라는 사실조차 믿지 못하게 된다. 정말 가슴아픈 일이다.

생각보다 많은 상사가 자신도 모르는 사이에 직원들의 사기와 아이디어를 뭉개버린다. 다음의 사례를 살펴보자. 작년의 나는 12명의 마케팅 전문 팀에게 브랜딩 워크숍을 제공하였다. 모두 젊고 똑똑한 전문 인력들이었는데, 무슨 이유에서인지 아무도 워크숍에 적극적으로 참여하지 않았다. 마치 누군가가 대신 답해 주길 기다리는 사람들 같았다.

오전 중에는 워크숍을 의뢰한 기업의 CEO가 모습을 드러냈다. 창의성이 뛰어날 뿐 아니라, 모든 토론에 적극적으로 임하는 사람이었다. 지치지도 않고 칠판에 끊임없이 아이디어를 그려내던 그는 한 시간 후 또 다른 회의를 위해 떠났다. 그의 활기찬 기운이 마케팅팀에게도 전염되었기를 바랐지만, 실상은 그 반대였다. 회의장에 남겨진 팀원들은 CEO가 오기 전보다 더 소극적이고 망설이는 태도를 보였다.

그날 밤, 인기 도서인 《메시지를 접수했습니다^{Message Received}》의 저자이자 직장 내 세대 간의 의사소통 방식의 권위자 메리 도너휴^{Mary Donohue} 박사에게 전화를 걸었다. 그에게 상황을 설명한 나는 말했다. "이해가 되질 않아요. 아주 명석했던 그룹이 이제는 회의 참여는 물론이고 아이디어조차 공유하지 않는다니요. 무슨 일이 일어나고 있는 건가요?"

상황 파악을 위해 내게 몇 가지 질문을 한 메리가 대답했다. "CEO가 직원들의 창의성을 망쳐 놨군요!"

그날 하루를 되짚어 보니 그제야 무슨 일이 일어났는지 보이기 시작했다. 누군가 아이디어를 공유하거나 생각을 말할 때마다 CEO는 "그건 아니에요. 그것보다는……" 이라고 말하며 자신의 아이디어를 대신 칠판에 적었던 것이다. 그는 자신도 모르는 사이에 말과 행동으로 팀원들의 창의성을 짓밟고 있었다.

자기 나름대로는 팀원들을 돕는다고 생각했겠지만, 사실은 직원들을 이기기 위해 입을 막는 행동에 불과했다. 불행하게도 착각에 빠진 상사들에게서 쉽게 보이는 행동이다. 제안자의 아이디어에 자신의 생각을 덧붙여 창의력과 자신감을 떨어뜨리거나, 바로 적용할 수 있지 않다는 이유로 직원들의 아이디어를 섣부르게 판단하고 비난하는 상사도 있다. 어떤 상황이든지 자신의 아이디어가 계속해서 무시당하다 보면 누구나 의욕을 잃고 소통을 관두는 법이다.

온종일 상사들의 잘못을 비난하자는 게 아니다. 지금은 '어떻게 하면 팀원들의 창의력과 아이디어를 활용할 수 있을까?'를 고민해야 한다. 팀원과의 협력과 격려는 상승효과를 일으켜 더 많고, 더 뛰어나고, 더 의미 있는 아이디어를 떠올릴 수 있게 해 준다. 더욱 중요한 것은 창의력의 인정이 정서적인 보상과도 같다는 사실이다. 이는 팀원들에게서 더 높은 수준의 신뢰와 참여도를 끌어낸다.

팀원들의 창의적 재능을 활용하는 것은 생각보다 복잡하지 않다. 단순함이 멋진 결과를 만든다. 그 예로 당신이 읽고 있는 이 책의 원제인 《브랜드 뉴 네임^{Brand New Name}》은 제2부 네이밍의 방법에서 소개할 소비자 테스트를 거쳐 탄생했다.

우리 팀은 미래의 독자들이 가장 공감할 수 있는 브랜드 네임을 찾기 위해 5개의 후보를 골랐다.

◆ 브랜드 뉴 네임
◆ 모든 것은 이름에서부터 시작한다^{Everything Starts with a Name}
◆ 이기기 위한 네이밍^{Name to Win}
◆ 브랜드 네임 발전기^{Brand Name Generator}
◆ -를 네이밍하자!^{Name This - !}

아이디어는 소중하다.

그러므로

보호받고,

보살핌받고,

기념되어야 한다.

앞의 제목들은 단순히 최종 후보 명단에 오른 브랜드 네임이 아니다. 이 중 세개는 팀원들이 떠올리고 내가 직접 선택한 브랜드 네임들이다.

단 하나의 브랜드 네임만 선택받을 수 있기에 비록 책의 제목으로 채택되지는 못했지만, 나의 팀원이 제공한 아이디어와 공로를 세상에 알리고 싶었다. 사람의 창의력은 가치를 인정받을 때 더 발전할 수 있다고 믿는다.

타인의 능력을 인정하는 작은 제스처는 팀원에게 창의력과 자신감을 더해 주지만, 의식하고 있지 않으면 나오기 힘들 때도 있다. 일이 너무 바쁠 때는 모든 아이디어에 일일이 반응해 주기가 쉽지 않기 때문이다. 가끔은 별로라고 생각되는 아이디어를 마주칠지도 모른다. 하지만 그런 것은 아무래도 좋다. 팀원들이 더 활발하게 아이디어를 제공하기 바란다면 당신도 효율적인 리더가 되어야 한다. 사람들이 새롭게 아이디어를 내도 좋다고 생각할 만한 환경을 제공하자. 아이디어가 있어도 입을 닫는 환경을 만드는 것보다 훨씬 쉬운 일이다.

한편, 사람의 창의적 능력은 계속 사용하지 않으면 퇴화하고 만다. 당신이 괴물이 아닌 이상 헬스장에 다니기 시작한 첫날부터 140킬로그램의 역기를 들 수는 없다. 그 정도의 무게를 들 수 있는 기술과 힘이 생길 때까지 시간과 노력과 훈련을 쏟아야 한다. 창의력도 마찬가지이다. 창의력은 근육처럼 작용한다. 시간과 연습이 필요한 만큼 자신감과 인정도 필요하다. 당신의 팀원이 스스럼없이 아이디어를 제공할 수 있는 환경을 만들어 주어야 한다.

처음으로 다른 사람과 아이디어를 나누는 경험은 누구에게나 소중하다. 그렇기에 때문에 아이디어를 제안하고 발전시키는 과정에 당신의 지지와 응원은 필수이다. 더 중요한 핵심은 지속적인 지지를 통해 계속해서 아이디어를 제안해도 괜찮다는 확신을 주는 것이다. 팀원이 처음으로 제안한 아이디어는 중요하지 않다. 팀원이 계속해서 아이디어를 떠올릴 수 있는 능력을 키워주는 것이 중요하다. 창의력은 어느 기업에서나 찾아볼 수 있다. 창의력은 재생산이 가능한 자원과도 같기 때문이다. 좋은 리더는 팀원의 창의적 잠재력을 끌어내고, 활용하고, 지속할 수 있는 환경을 만들 줄 알아야 한다.

팀원의 창의력을 최대치로 활용하는 데 집중하자. 각 팀원에게 가장 알맞은 전략이나 접근 방식은 다를 수 있지만, 당신의 노력에 후회는 없을 것이다.

제2부 네이밍의 방법에서는 브랜드
네이밍에 필요한 창의력을 활용하는
효과적인 단계별 접근 방식을 배워 볼
것이다. 브랜드 네이밍 프로세스의
원리가 당신이 안고 있는 문제를
해결하는 첫 단추가 되었으면 한다.

직원 간의 공동 창작 활동의 원리는
브랜드 네이밍뿐만 아니라 사업의
거의 모든 면에 적용된다. 실제로도
나는 사업상의 골치 아픈 일로 찾아
오는 고객들에게 직원 간의 공동 창작
활동을 가장 먼저 제안한다.

문화적 변화를 일으키자

브랜드 네이밍 프로세스가 불러오는 놀라운 결과 중 하나는 회사 문화의 변화이다. 이 변화는 당신의 팀에게 회사와 브랜드의 발전에 이바지할 기회를 제공할 때 일어난다. 직원들에게는 아마 새로운 경험일지도 모른다.

기존에는 소수의 직원이 창의력이 요구되는 프로젝트에 참여하고, 그보다 더 적은 수의 직원이 회사의 브랜드에 직접적인 영향을 끼칠 수 있는 기회를 얻었다. 아이디어를 공유하고 가치를 인정받을 수 있는 적절한 매체가 없었기 때문이다. 그러나 함께한다면 충분히 이런 문화를 바꾸고 변화를 일으킬 수 있다.

캐나다 토론토에서 한 시간 정도의 거리에 있는 센트럴 스미스Central Smith는 3대째 가족들에 의해 운영되고 있는 회사이다. 처음 듣는 회사일 수도 있겠지만 센트럴 스미스는 캐나다에서 가장 큰 규모의 아이스크림 제조회사이다. 캐나다의 식당에서 디저트를 시킨다면 높은 확률로 센트럴 스미스의 아이스크림을 먹을 수 있다.

나는 센트럴 스미스와 함께 일하며 브랜드 포지셔닝을 돕고 기업의 핵심 메시지를 재정립한 적이 있다. 나는 상의하달식의 대화 방식보다는 직원 간의 공동 창작 활동을 장려하고 싶었다. 기업의 각 분야에서 8명의 인재를 모아 팀을 꾸리고, 기업이 겪고 있는 문제의 분석과 해결 방안을 모색하기 시작했다. 지금까지 기업이 일을 해 오던 방식과는 상반된 접근 방식이었다. 센트럴 스미스의 부사장 젠 스케이츠Jenn Scates는 달라진 회사 분위기에 감동하며 말했다. "우리 회사의 전략과 브랜드를 연구하느라 팀원들 모두 바쁘게 움직이고 있습니다. 이안 스케이츠Ian Scates(센트럴 스미스의 CEO)와 저도 직원들의 질문을 받느라 덩달아 바빠졌습니다. 회사 설립 이후 처음으로 직원들이 어떻게 하면 기업을 성장시킬 수 있을지 함께 고민하고 있어요!"

가족들이 운영하는 많은 회사가 그렇듯 일반 직원과 가족으로 이루어진 경영진 사이에는 선명한 유리 천장이 자리한다. 경영진이 노력해도 직원들과의 거리를 좁히기가 쉽지 않다. 그래서 젠의 코멘트는 의미가 크다. 직원들이 경영진을 포함한 모두와 함께 일할 수 있는 환경을 제공함으로써 직원들이 느끼는 거리감을 대폭 줄였기 때문이다. 의견을 묻고, 아이디어를 요청하고, 한 사람도 빠짐없이 자신의 공헌을 인정받았을 때, 젠의 팀은 마치 새 목소리를 얻은 듯한 기분을 느꼈다. 자신감을 얻은 팀원들은 곧 브랜딩 프로젝트뿐만 아니라 기업 전체에 어떤 도움을 줄 수 있을지 고민하기 시작했다.

기업에 대한 더 깊은 이해도와 주인 의식을 가진 팀원들은 어떻게 해야 센트럴 스미스에 긍정적인 변화를 가져올 수 있는지 알고 있었다. 이들은 센트럴 스미스가 어떻

게 성장하고 고객에게 서비스를 제공할 수 있는지에 대한 아이디어를 공유하기 위해 새로운 방식을 사용했다.

작은 행동이 기업 전체에 변화를 불러올 수 있다. 많은 자원이나 수백 시간의 노력이 필요하지도 않다. 단순히 열린 마음을 가지고 적극적인 참여를 하는 것만으로 당신의 기업에 내재된 창의력을 일깨울 수 있다.

센트럴 스미스의 이야기가 당신에게는 어떻게 적용될 수 있을지 기대되지 않는가? 이제 2부로 넘어가 어떻게 이 과정을 브랜드 네이밍에 적용할 수 있는지 보여주겠다. 그 이후는 당신에게 달렸다. 직원과의 공동 창작 활동으로 해내지 못할 것은 없다.

제2부

실전

브랜드
네이밍

본격적으로
네이밍
시작하기

이론은 이제 충분하다.
당신의 브랜드에 이름을 붙여 주자.
모두가 기다려 온 시간이다.
네이밍을 시작하자!

여기서 소개할
브랜드 네이밍은
총 3단계에 걸쳐
잊지 못할 브랜드
네임을 만드는
효과적인 단계별
프로세스이다.

1. 계획:
   스프린트팀을 모집하고 네이밍
   전략을 정립하자

2. 스프린트:
   5일 동안 다양한 브랜드 네임
   후보를 떠올리자

3. 선택:
   테스트를 거쳐 당신의 브랜드에
   꼭 맞는 브랜드 네임을 선택하자

이는 어렵지 않은 과정이다. 네이밍은 마법이나 비밀
작전처럼 부담스럽지 않다. 브랜드 네이밍은 확실하고
효과적인 프로세스의 일종이다. 알기 쉽게 설명된 네이밍
활동과 매일의 할당량을 일정표에 맞춰 따라 하다 보면,
절대 네이밍 프로젝트 중에 길을 잃고 헤맬 일은 없다.

•브랜드 네이밍 프로젝트 일정표

WEEK 1
계획 ————————————————→

WEEK 2
스프린트 —

DAYS 1–2
네이밍 전략 정립

DAYS 6–10
5일간의 네이밍 스프린트

DAY 4
팀원과 네이밍 전략 검토 및 수정

DAYS 2–3
스프린트팀 모집 및 역할 분담

DAY 5
스프린트 단계 돌입 준비

WEEKS 3-4

선택

DAYS 11-12

**가망 없는
브랜드 네임은
버리고 테스트를
위한 최종 후보
명단 작성**

원한다면 상표권 전문 변리사와
최종 후보 명단을 검토하기,
브랜드 네임 점수표를 확인하고
시장성 테스트를 준비하기

DAYS 15-20

선택

DAYS 18-19

기억력 테스트

★
브랜드
네임을
선택하고
축배를 들자!

DAYS 13-17

**시장성 테스트:
헬베티카 테스트와
로고 테스트**

WHAT ARE YOU NAMING?
& FOR WHO?
BRAINSTORM
How do we capture meaning?
WORDMARK?
what's the game plan?
1. NAMING STRATE
2. ASSEMBLE TEAM
"creative engine"
TO-DO
SHAPE THE FUTURE
KEEP DIGGING
IDEA!
"Our brand is like ____."
WHAT WILL MAKE US UNFORGETTABLE?
Who is our target?
- What does success mean to us?
- How do we define it?

1단계: 계획

설계도 없이 집을 짓지 않듯이
계획 없이 네이밍을 할 수는 없다.

계획 단계는

2단계로

나누어져 있다.

1. 네이밍 전략 정립

전략의 정립은 네이밍 프로세스 중 가장 중요한 단계이다. 성공의 기준을 정립하는 것과 같기 때문이다.

2. 스프린트팀 모집

팀원들은 브랜드 네이밍 프로세스를 가동하는 창의력의 엔진 같은 역할을 한다. 당신과 함께 브랜드를 위한 네이밍 아이디어를 떠올려 줄 것이다.

1. 네이밍 전략 정립

전략은 여기서부터 시작된다

네이밍 전략이 브랜딩을 위한 전략을 의미하지는 않는다. 네이밍 전략은 잊지 못할 브랜드 네임을 만들기 위해 따라야 하는 규칙을 제공하는 역할을 한다. 인터브랜드[Interbrand]의 최고 콘텐츠 책임자 파올라 노람부에나[Paola Norambuena]는 이렇게 말했다. "훌륭한 브랜드 네임은 탄탄한 크리에이티브 브리프[creative brief](기획팀의 광고 콘셉트를 제작팀에게 전달하기 위해 작성된 문서)에서 비롯된다. 크리에이티브 브리프는 당신이 원하거나 피하고 싶은 브랜드 네임의 역할을 서류로 정리해 볼 기회이다. 언뜻 보면 의미 없지만, 네이밍 프로세스가 나아갈 구체적인 방향을 제시하는 필수적인 서류이다."

네이밍 전략은 네이밍 프로세스 내내 끊임없이 참고해야 하는 청사진과 같다. 잊지 못할 브랜드 네임을 만들고 선택하기 위해 당신의 팀이 따를 수 있는 가장 강력한 도구이기도 하다. 항상 곁에 두고 명심하도록 하자.

전략적 적합성

당신이 네이밍을 하는 대상과
브랜드 네임이 수행해야 하는 기능을
명료하고 간결한 문장으로 정의하자.

네임스케이프*

*Namescape: name(이름)과 landscape(풍경, 전망)를 합친 저자의 신조어

경쟁 시장의 환경을 분석하여
당신의 브랜드를 돋보이게 하는
네이밍 트렌드를 찾아내자.

시장

주 고객층과 그들이 브랜드에
기대하는 것을 파악하여 표적
시장을 정의하자.

전략적 적합성

설명

한두 문장 내외로 당신이 네이밍하려는 대상을 묘사하라.
당신의 브랜드를 아래의 양식에 따라 묘사하면 더 쉽다.

> 나의 브랜드는 _____ 이다.
> 나의 브랜드는 _____ 을/를 한다.
> 나의 브랜드는 _____ 을/를 대상으로 한다.

이 활동의 본질은 당신의 브랜드가 속한 카테고리, 제
공하는 서비스, 표적 시장을 간결하게 설명하는 데 있다.
우리 가족이 운영하는 회사는 '캐나다 토론토의 영업 인력
회사'였다. 이것을 예로 들어 양식을 채워보겠다.

> 나의 브랜드는 인력 공급 사업에 속한다.
> 나의 브랜드는 영업 전문 인력을 찾고, 검증하고, 배치한다.
> 나의 브랜드는 영업 인력이 필요한 토론토 일대의
> 기업들을 대상으로 한다.

브랜드에 따라 놀라울 정도로 쉽거나 어려운 활동이 될 수도 있다. 예를 들어 세상에 존재하지 않았던 새로운 기술의 네이밍은 도넛 가게의 네이밍보다 훨씬 더 어려울 것이다.

새로운 분야를 개척하려면 시간을 충분히 들여 개척하는 대상을 설명할 줄 알아야 한다. 단순하고 쉬운 말을 사용해야 함은 물론, 은유와 직유를 사용해 "우리 브랜드는 ~와 같다."라고 표현해도 좋다. 듣는 누구나 알 수 있도록 당신이 네이밍하는 대상을 분명하게 하자. 예를 들어 우버 Uber의 설립자는 "우버는 개인과 개인으로 이루어진 회사로, 우리가 제공하는 서비스는 맞춤형 차량 동승 서비스와 같습니다."라고 말할 수도 있었다. "카풀"이라는 용어는 아마 여기에 유래했을지도 모른다.

목적

당신의 브랜드 네임을 통해 무엇을 성취하려고 하는가? 네이밍 프로젝트에서 바라는 결과를 묘사해 보자.

> 무엇을 원하는가?
>
> 이유가 무엇인가?

채식주의자를 위한 간식 시리즈를 네이밍한다면 아래와 같이 답할 수 있다.

> **무엇을 원하는가?** 말하기 쉽고 기억하기 쉬운 채식주의자용 과자를 위한 브랜드 네임을 원한다. 제품이 자연 친화적이고 맛있고 건강하다는 인상을 주어야 한다.
>
> **이유가 무엇인가?** 마트 소비자의 시선을 끌어 매년 수백만의 제품을 팔기 위해서다. (사실이기는 하지만) 돈을 많이 벌기 위해서가 아닌, 소비자들이 우리 제품의 존재를 알게 되면 더 건강한 간식을 선택할 수 있기 때문이다.

네이밍의 기준

당신의 브랜드 네임이 세상에서 어떻게 쓰일지 정해 줄 실용적인 가이드라인에는 무엇이 있을까? 예를 들어 브랜드 네임의 길이에 제한이 있는가? 애플리케이션 개발자들은 항상 신경 써야 하는 부분이다. 핸드폰의 배경화면이나 애플리케이션의 메뉴에는 긴 브랜드 네임이 들어갈 만한 자리가 없으므로 네이밍에 돌입하기에 앞서 분명히 정해야 하는 기준 중 하나다.

◆ **길이:** 브랜드 네임의 패키지나 디스플레이에 길이 제한
이 있는가? 예를 들어 상품의 패키지에 7~10자 사이의
글씨가 들어갈 정도의 공간이 있는가? 제한 사항을 분
명히 기재하자.

_____

_____

_____

◆ **지리:** 브랜드 네임은 어디서 쓰일 것인가? 브랜드의 활
동 범위가 지역, 국가, 혹은 전 세계인가? 브랜드 네임
이 꼭 통해야만 하는 영역을 모두 적어보자.

_____

_____

_____

◆ **언어:** 당신의 주 고객층은 어떤 언어를 사용하는가? 영
어나 스페인어처럼 하나의 언어에만 치중할 것인가? 혹
은 여러 언어를 사용하는 고객층을 만족시켜야 하는가?

_____

_____

_____

◆ **도메인 네임:** 도메인 네임에는 어떤 조건이 있는가? 예를 들어 닷컴 도메인은 필수인가 선택인가?

_____

_____

_____

_____

◆ **도메인 예산:** 도메인 네임이 중요한 필수조건이라면 얼마의 예산까지 투자할 수 있는가?

_____

_____

_____

_____

◆ **기타 조건:** 브랜드 네임의 선택과 사용에 영향을 미치는 요구 사항이나 필요조건이 또 있는가?

_____

_____

_____

_____

도메인 네임 선택하기

잠깐 하던 일을 멈추고 중요한 네이밍 전략 중 하나에 대해 고민해 봐야 한다. 당신의 브랜드에는 도메인 네임이 필요한가? 네이밍의 대상이 기업이라면 도메인 네임이 반드시 필요하다. 그러나 대상이 특정 제품이나 서비스라면 꼭 필요하지 않은 때도 있다. 모든 것은 브랜드의 마케팅과 홍보 방식에 달려 있다.

신조어를 개발하지 않는 이상 사용 가능한 닷컴 도메인 네임을 찾기는 절대 쉽지 않다. 독특한 합성어 네이밍에 맞는 도메인조차도 찾기 어려운 것이 현실이다. 솔직히 말하자면 조금 쓸 만한 도메인 네임은 누군가가 이미 차지했다고 생각하는 것이 맞지만, 그렇다고 해서 정말 모든 도메인 네임이 사용되고 있다는 뜻은 아니다.

경우에 따라서는 이미 등록된 도메인 네임을 구매할 수도 있다. stickybranding.com과 stickybrands.com을 각각 다른 사람에게서 구매한 나의 경우가 여기에 해당한다. 내 개인 웹 사이트 도메인 jeremymiller.com도 2004년에 텍사스주의 오스틴에 사는 또 다른 제레미 밀러에게서 구매한 것이다.

도메인 네임의 거래는 부동산 중개업과도 같다. 많은 사람이 고대디 옥션^{GoDaddy Actions}과 세도^{Sedo}에서 매일같이 도메인을 사고판다. 도메인의 주인과 직접 접촉해 판매를 권유하는 방법도 있다. 묻지도 않고 포기하기보다는 한 번

거절당하는 편이 낫다. 운이 좋다면 원하는 도메인 네임을 얻을 수 있으리라.

창의력을 발휘해도 좋다. 예를 들어 브랜드 네임에 부가적인 표현을 더하는 방법은 대형 브랜드들도 애용하는 흔한 전략이다. 모바일 기반 결제 서비스 스퀘어Square의 도메인은 squreup.com이고, 닛산 자동차의 미국 웹 사이트 도메인은 nissanusa.com이다. 내가 가장 좋아하는 도메인 네임 중 하나는 쏘상재 유통기업 로켓라인Rocketline의 도메인 gogorocketline.com이다.

꼭 닷컴 도메인이 아니라도 좋다. 과거에는 닷컴 도메인이 신용 있는 웹 사이트의 상징처럼 여겨졌지만, 다 옛날이야기다. 도메인 네임은 더 이상 닷컴, 닷넷, 닷올그org에 한정되어 있지 않아서, 원한다면 닷유에스us, 닷미me, 심지어는 닷엑스와이지xyz로도 설정할 수 있다. 비디오 회의 서비스를 제공하는 줌Zoom의 도메인은 zoom.us이다. 도메인 네임이 동사처럼 작용해 "줌 하세요zoom us"처럼 들리는 신선한 언어유희이다. 구글과 안드로이드Android의 모기업 알파벳 주식회사Alphabet는 abc.xyz를 도메인 네임으로 채택했다. 브랜드 네임을 적극적으로 활용한 기발하고 창의적인 도메인 네임이다.

도메인 네임이 확실히 중요한 것은 맞지만 너무 무리해서 매입할 필요는 없다. 화려한 닷컴 도메인 네임보다 돈 쓸 곳은 많다. 심지어 당신만 그렇게 생각하는 것이 아니다. 많은 신생 기업들이 비싼 닷컴 도메인을 사들이기

fast+name.com

best+name.com

big+name.com

부가적 표현+

NAME

+부가적 표현

name+quick.com

name+tiny.com

name+strong.com

전에 형편에 맞는 적당한 도메인을 사용한다. 트위터는 twttr.com에서 시작했고, 드롭박스^{Dropbox}는 getdropbox.com에서 시작했다.

소셜 미디어 계정 관리 서비스 버퍼^{Buffer}의 설립자 조엘 개스코인^{Joel Gascoigne}은 자신의 전략을 공유하며 이렇게 말했다. "정말 많고 많은 창업자가 도메인 네임에 쩔쩔매는 모습을 봐 왔습니다. 직접 신생 기업을 창업하며 한 가지 배운 점이 있다면 도메인 네임은 전혀 중요하지 않다는 것입니다. 브랜드 네임과 똑같은 도메인을 얻는 것보다, 브랜드 네임 자체에 더 큰 의미가 있습니다. 좋은 브랜드 네임을 고르면 좀 일그러진 도메인 네임 정도는 괜찮다는 뜻입니다." buffer.com은 조엘이 처음 기업의 문을 열었을 때 이미 사용되고 있었다. 그가 대신 선택한 것은 브랜드 네임에 부가적 표현을 붙인 bufferapp.com이었다.

버퍼가 설립된 지 5년 후인 2015년, 마침내 buffer.com 도메인을 가져올 수 있었다. 350만 달러의 수익을 기록하고 6,000만 달러의 가치를 가진 기업으로 성장한 버퍼는 막강한 재력으로 도메인의 주인과 성공적인 협상을 마쳤다. 버퍼가 얼마를 지급했는지는 공개되지 않았다. 실제로 존재하는 6글자의 영어 단어라는 사실을 고려할 때, 엄청난 가격을 치렀다는 것만은 확실하다.

당신이 설정한 네이밍의 기준을 다시 살펴보자. 당신의 브랜드에 도메인 네임이 얼마나 중요한가?

네임스케이프

네임스케이프는 브랜드가 속한 산업의 시장 조사와 네이
밍 트렌드의 파악을 위해 고안된 유용한 도구이다. 네임스
케이프는 경쟁 브랜드의 포지셔닝 방법을 파악하고, 우리
가 네이밍하는 브랜드가 클리셰를 피해 갈 수 있도록 도와
준다.

다음과 같이 2개의 축을 가진 네임스케이프를 이용해 당
신의 브랜드가 속한 경쟁 시장을 그려보자.

◆ **브랜드 네임의 유형:** 서술적 네임, 암시적 네임, 추상적
　네임
◆ **브랜드 네임의 구조:** 실제 단어, 합성어, 신조어, 두문자
　어, 철자가 틀린 단어 중 어떻게 만들어진 브랜드 네임
　인가?

　간단한 도표에 경쟁사를 분류, 배치하면 일정한 트렌
드를 한눈에 확인할 수 있다. 당신의 산업 분야에는 추상
적-신조어 네임이 많거나, 경쟁사 모두 비슷한 브랜드 네
임을 쓰는 현상을 찾아볼 수도 있다.

네임스케이프를 만들자

쉽게 당신만의 네임스케이프를 만들 수 있다. 경쟁사들의 명단을 만들고 도표 안의 알맞은 자리에 배치하자. 최소 10개 이상의 비교 대상을 찾되, 경쟁사의 수가 적다면 다른 지역이나 시장의 비슷한 부류의 브랜드(기업, 제품, 서비스)를 써도 좋다.

195~196페이지에 패스트푸드 브랜드를 이용해 만든 샘플과 직접 연습해 볼 수 있는 백지의 네임스케이프를 준비했다.

네이밍 트렌드를 찾아보자

네임스케이프와 경쟁사의 브랜드 네임들을 살펴보자. 무엇이 보이는가?

◆ 계속해서 보이는 단어나 문구가 있는가?
◆ 어떤 종류의 브랜드 네임이 가장 많은가?
◆ 경쟁사들은 어떻게 포지셔닝을 하고 있는가?
◆ 어떤 분위기를 내고 어떤 이야기를 전하는가?
◆ 눈에 띄거나 주목할 만한 브랜드 네임이 있는가?

　　(이들이 당신의 경쟁대상이다)

네임스케이프 샘플: 패스트푸드 음식점

	서술적 네임	암시적 네임	추상적 네임
실제 단어	TACO BELL	DQ	M
합성어	WHATABURGER	SUBWAY	
신조어		Panera BREAD®	(스타벅스)
두문자어	KFC	TGI FRIDAYS	A&W ALL AMERICAN FOO
철자가 틀린 단어	**DUNKIN'**		

네임스케이프

	서술적 네임	암시적 네임	추상적 네임
실제 단어			
합성어			
신조어			
두문자어			
철자가 틀린 단어			

피해야 하는 단어와 스타일

네이밍 트렌드를 살펴보며 피해야 하는 단어와 스타일을
정하자.

◆ 피해야 할 단어나 문구:

_____

_____

_____

_____

◆ 피해야 할 네이밍 스타일:

_____

_____

_____

_____

분위기: 당신의 브랜드는 어떤 느낌인가?

당신의 브랜드에는 어떤 특성이 있는가? 어떤 느낌인가?
어떻게 고객을 사로잡고 관계를 정립할 것인가?

브랜드의 특성을 아래에 옮겨보자.

시장

당신의 주 고객층은 누구인가? 누가 브랜드 네임을 듣고 사용할 것인가? 이들은 어떤 사람들인가?

활동에 돌입하기 전에 머리를 완전히 비우자. 잠재적 (혹은 실제로 브랜드를 이용 중인) 고객 명단을 만들고 이들이 누구인지 묘사하자. 스위퍼 청소 용품을 예로 들어 아래와 같은 표를 만들어 보았다.

이름	설명
수잔	3명의 자녀를 둔 가정주부. 시카고의 교외 지역에 거주
크리스토퍼	샌프란시스코에 사는 미혼 남자. 집에 자주 없음
딜런	최근에 결혼한 고양이 3마리의 아빠. 집 안에 털이 많음!

최소 10명의 이름으로 명단을 만들자. 당신의 브랜드가 신생 브랜드라면 목표로 하는 고객층의 명단을 만들고, 이미 존재하는 브랜드라면 실제 고객 중에서 명단을 만들자. 또 가능하다면 브랜드와 소통하는 모습을 상상할 수 있도록 실존하는 사람들을 고르자.

이름	설명

주요 사용자와 고객을 정의하자

최대한 많은 잠재적 고객 명단을 작성했다면 이제 이들의 공통점과 차이점을 찾자. 당신의 브랜드를 가장 많이 이용할 사용자는 누구인가? 가장 많이 교류하게 될 사용자를 찾아 당신의 팀원들이 이해할 수 있는 방식의 문서로 만들자.

◆ **역할**: 이들은 누구인가? 역할을 부여하자.
◆ **설명**: 사용자가 누구이고 역할이 무엇인지 요약하는 짧은 설명을 제공하자.
◆ **요구 사항**: 사용자가 브랜드에서 바라고 필요로 하는 것은 무엇인가?

역할	설명	요구 사항

네이밍
전략을
정립
했다!

2. 스프린트팀 모집

혼자서 이 책에 실린 모든 내용을 따라 해도 좋지만, 개인적으로는 팀원과 함께 하는 것을 추천한다. 브랜드 네이밍을 돕는 사람들이 많을수록 좋은 아이디어도 많이 생겨나고, 자연스럽게 절대 잊지 못할 브랜드 네임을 찾을 확률도 높아진다.

3명에서 10명의 인원이 스프린트팀을 꾸리는 데 가장 적당하다. 이 인원이 5일간의 네이밍 스프린트 단계를 완수할 것이다. 개인의 직급이나 업무의 내용보다는 네이밍 프로세스에 얼마만큼의 도움을 줄 수 있는지를 기준으로 팀원을 선택하자. 가장 이상적인 팀은 다른 경험과 시각을 가진 다양한 사람들로 구성된 것이다. 다음과 같은 특성을 가진 사람들을 찾자.

기업, 이해관계자 및 문제에 대한 지식 습득

지적 호기심

열린 마음

불분명한 주제, 개념, 가능성을 논하는 데 어려움이 없음

타인의 관점과 의견을 존중함

프로젝트를 위해 개인적인 일을 뒤로할 수 있음

프로젝트를 성공시키기 위해 시간과 에너지를 다해 헌신할 수 있음 — 5일간의 네이밍 스프린트 단계 중 하루 60~90분의 시간을 투자할 수 있어야 함

팀원을 당신이 소속한 기관의 사람들로만 제한할 필요는 없다. 기업의 규모가 작거나 당신이 마음에 둔 사람이 여러 사람의 몫을 해낼 것을 믿는다면 당연히 팀원으로 섭외해도 된다. 하지만 명심하자. 팀원 선택은 신중해야 한다. 당신의 스프린트팀은 네이밍 프로세스를 움직이는 엔진과도 같다. 우리에게는 당신만큼이나 좋은 브랜드 네임이 간절한 사람들이 필요하다.

나의 스프린트팀

이름	직급	이메일

THE CHAMPION

THE DECIDER

팀원에게
역할을 나눠주자

네이밍 스프린트에 참여할 팀원을 정했다면 이제 역할을
분배해야 한다. 스프린트팀에는 프로젝트 참여자 이외에
도 전략적인 역할을 하는 팀원이 2명 있다. 바로 챔피언
Champion과 결정자Decider다.

챔피언은 네이밍 프로젝트를 성공적으로
이끌어야 하는 프로젝트 매니저다.

결정자는 브랜드 네임의 최종 선택자다.

챔피언

챔피언은 프로젝트의 책임자이자, 팀원들이 성공적으로 프로젝트를 매듭지을 수 있도록 안내하는 역할을 한다.

챔피언과 결정자는 같은 사람일 수도 있고, 다른 개인일 수도 있다. 보통 사장이나 CEO가 결정자의 역할을 맡고, 마케팅팀의 부사장이나 프로젝트 매니저가 챔피언을 맡는다. 누가 무슨 역할을 맡는지는 조직의 규모나 구조에 따라 달라진다.

다음과 같은 인물이 챔피언 자리에 적합하다.

1 권위가 확고한 사람: 필요한 것을 반드시 받아내는 사람
2 프로젝트 결과에 영향을 받는 사람: 진심으로 좋은 브랜드 네임을 찾기를 원하며, 무슨 일이 있어도 팀원이 적당한 브랜드 네임과 타협하는 것을 용납하지 않는 사람
3 조직적이고 팀원들과 친밀한 관계가 있는 사람: 프로젝트 매니저로서 팀원을 성공적으로 관리하고 이끌어 확실한 성과를 거둘 능력이 있는 사람

당신 팀의 챔피언은 누구인가?

결정자

브랜드 네임의 최종 결정권은 결정자에게 있다. 결정자는 프로젝트의 모든 중요한 결정은 물론, 최종적인 브랜드 네임의 선택권도 가지고 있다. 보통 CEO, 회장, 사업주, 브랜드 책임자가 결정자의 역할을 맡는다.

계획, 스프린트, 선택 단계의 처음부터 끝까지 결정자를 설정해 두지 않으면 네이밍 프로젝트는 반드시 엉망이 되고 만다. 네이밍은 리더가 누군가에게 위임하거나 외면할 수 있는 문제가 아니다. 브랜드를 위한 전략과 기업의 미래에 막대한 영향을 끼치는 사안인 만큼 결정자는 반드시 프로젝트의 모든 단계에 참여해야 한다.

결정자의 지정은 성격적 요인이 프로젝트에 영향을 미치는 상황을 방지하는 역할도 한다. 네이밍을 하다 보면 CEO나 사업주들이 독선적인 성향을 보일 때가 있다. 브랜드가 소중한 만큼 네이밍에 있어서 자신의 의견을 강하게 주장하는 것이다. 나는 네이밍 프로젝트의 막바지까지 결정권자가 정해지지 않아 결국 프로젝트 자체가 와해되는 모습을 심심찮게 목격했다. 선택 단계에서야 겨우 정해진 결정자가 최종 명단의 브랜드 네임을 모두 떨어뜨린 것이다. CEO의 취향이 아니거나 기업의 사업 전략에 맞지 않는다는 것이 이유였다. 어쩌면 CEO가 만들고 싶었던 브랜드의 이미지와 맞지 않았을지도 모른다.

이유야 어찌 됐든 결정자의 부재는 프로젝트 전체를 위험에 빠뜨린다. 《스프린트》의 저자 제이크 냅은 이렇게 말했다. "당신의 팀이 공식 결정자 없이 스프린트를 진행하기로 했다면 평소보다 더 신중해져야 합니다. 당신의 용기에 박수를 보내지만, 이것만은 기억하세요. 스프린트에 참여하지 않은 결정자는 프로젝트의 결과를 망칠 확률이 높습니다."

내가 진행하는 브랜드 네이밍 프로세스는 모든 단계에 결정자가 존재한다. 이 사안에 타협은 없다. 당신도 마찬가지여야 한다.

당신 팀의 결정자는 누구인가?

당신이 선택한 결정자는 책임을 이해하고 프로젝트에 참여하는 것에 동의했는가?

☐ 예　　☐ 아니오

당신이 속한 조직이 참여하게 만들자

꼭 스프린트팀만 네이밍 아이디어를 만들 수 있는 것은 아니다. 당신이 속한 조직 전체가 네이밍 과정에 참여할 수 있다! 아주 간단하다. 직원들이 5일간의 네이밍 스프린트 단계에 참여해 아이디어를 제공하도록 장려하면 된다.

조직 전체를 네이밍 프로젝트에 끌어들일 때 기대할 수 있는 가장 큰 장점은 바로 문화의 변화이다. 보통 직원들에게는 브랜드 개발에 참여할 기회가 거의 주어지지 않는다. 대부분의 경우 회사가 새로운 전략을 주도할 때 그저 지켜보는 일밖에는 할 수 없다. 하지만 당신이 새로운 문화를 만들 수 있다. 조직 안의 모든 직원에게 브랜드 네이밍 프로세스를 소개함으로써, 브랜드와 직원 사이에 뜻 깊고 개인적인 연결 고리를 만들어 주는 것이다.

변화하는 방법을 선택했다면 크게 호들갑을 떨어보자. 내 경험으로 네이밍 스프린트는 보상이 함께할 때 가장 좋은 반응을 보였다. 보상에는 두 종류가 있다.

◆ **참여 보상**: 최소 1개의 브랜드 네임을 제출한 직원에게 는 참여 보상을 지급하자. 5달러 상당의 아마존이나 스 타벅스 상품권 정도가 적당하다.

◆ **최종 명단 보상**: 제출한 브랜드 네임이 최종 후보 명단에 올랐다면 더 큰 보상을 제공하자. 일반적으로 테스팅을 위해 최종 10위에 선정된 브랜드 네임이 여기에 해당한다. 가장 좋은 보상 중 하나는 직원에게 하루의 휴가를 선사하는 것이다. 구체적이고 실질적이지만 회사가 치르는 비용은 적은 보상이다.

5일간의 네이밍 스프린트를 시작하기에 앞서 무슨 보상을 지급할지 정하고 자금을 확보하자. 특히 참여 보상은 확실히 준비해야 한다. 상품권은 스프린트 단계 내내 공개적으로 지급하자. 네이밍 프로젝트에 참여하는 직원들의 공헌을 공적으로 인정하는 한편, 프로젝트의 존재를 알리고 열기를 유지하는 좋은 방법이다. 직원들에게 참여 보상은 단순히 5달러짜리 상품권이 아니다. 정신적인 보상이다. 당신의 회사가 직원들의 아이디어에 귀 기울이고, 그들이 제공하는 창의력에 사례할 의지가 있음을 보여주는 것이다.

물론 내 말을 꼭 따라야 할 필요는 없다. 하지만 조직 전체를 네이밍 스프린트에 참여하도록 할 때 발생하는 강력한 힘을 기억하자. 스프린트팀을 넘어서 더 많은 사람에게 프로젝트를 확장할 기회가 생긴다면 반드시 그 기회를 붙잡기 바란다.

스프린트 단계 돌입 준비

브랜드 네이밍 프로세스는 적극적인 참여와 기여도에 기반한다. 프로세스에 돌입하기 전, 스프린트팀에게 바라는 점을 함께 의논하자. 이는 앞으로 시작될 5일간의 네이밍 스프린트 단계 동안 각각의 팀원에게 요구되는 기대 사항을 말한다.

일일 할당량

일일 할당량은 5일간의 네이밍 스프린트를 이루는 중요한 요소이다. 팀원들이 각각 하루에 떠올려야 하는 브랜드 네임 수의 목표를 설정하자.

나는 한 명당 매일 5개의 좋은 브랜드 네임을 고안하기를 권한다. 충분히 실천 가능한 목표이지만 노력이 필요하다. 창의력은 양에 달려 있다. 무수히 많은 아이디어를 떠올리면 그중 몇 개에서는 훌륭한 아이디어가 나올 수 있다. 쓸 만한 브랜드 네임을 5개나 떠올리려면 그보다 많은 평범한 브랜드 네임을 떠올려야 한다. 하나의 좋은 브랜드 네임을 만들기 위해서는 10개에서 20개의 '형편없는 브랜드 네임'을 만들어야 할 정도이다. 하루의 할당량을 채우려면 50개에서 100개의 브랜드 네임을 만들어야 할지도 모른다는 뜻이다.

브랜드 네임을 하루에 50개씩이나 만들어야 한다니. 벅차게 느껴질 수도 있겠지만 걱정하지 말자. 그저 눈앞의 목표에 집중하면 된다. 그냥 하루에 좋은 브랜드 네임 5개만 떠올리면 된다고 생각하자. 5개보다 더 많이 생각해 낼수 있다면 그보다 더 좋을 수는 없을 것이다. 오늘 떠올린 브랜드 네임을 모두 제출하고 내일은 새로운 브랜드 네임 5개를 위한 새로운 마음가짐으로 하루를 시작하자.

네이밍 활동

우리는 5일간의 네이밍 스프린트 기간 동안 네이밍 활동을 할 것이다. 네이밍 활동은 아이디어를 떠올리게 도와주고, 일일 할당량을 채우도록 도와주는 짧은 활동들이다.

하루 20분에서 1시간 정도의 시간을 정해 활동에 임하자. 물론 빡빡한 업무와 책임으로 날마다 바쁘다는 것은 잘 안다. 네이밍에 당신의 소중한 하루를 전부 쏟을 필요는 없다. 당신이 편한 시간을 선택하자. 출퇴근 시간이나 점심시간, 아침에 일어나 커피를 마시는 시간도 좋다. 하루 중 언제라도 완벽하게 집중해 창의력을 발휘할 수 있는 시간을 고르자.

집중이 잘 되는 날은 20분 안에 할당량을 채우기도 하겠지만, 어느 날은 생각만큼 잘 안 될 수도 있다. 스트레스 받지 말자. 나는 당신이 5일 동안 매일 5개의 멋진 브랜드 네임을 떠올릴 수 있음을 확신한다.

혼자 하지만, 함께 하는

브랜드 네이밍 프로세스는 집단으로 브레인스토밍을 하기 위해 설계된 프로그램이 아니다. 많은 양의 아이디어를 떠올리는 것이 목표인데, 많은 사람과 브레인스토밍을 하다 보면 생산성이 떨어질 때도 있다. 창의력 전문가이자 연구가인 리 톰슨Leigh Thompson은 이렇게 설명한다. "그룹이나 팀 단위의 사람들이 떠올린 아이디어는 개인이 혼자서 떠올린 아이디어보다 더 상투적이고 보편적인 경향을 보입니다. 집단에 속하게 된 개인들은 규준화된 행동 양상을 보이고, 자연스럽게 팀 안의 구성원들과 생각을 같이하려는 성향을 띠게 됩니다." 우리는 이러한 현상을 '혼자 하지만, 함께 하는' 브레인스토밍 방식으로 극복할 수 있다.

각 팀원은 각자에게 주어진 활동들을 혼자 완수해야 한다. 혼자 일하는 팀원은 5일 동안 극적으로 더 많은 수의 아이디어를 떠올리게 된다. 만약 10명의 팀원이 5일 동안 각자 하루 5개의 브랜드 네임을 제출한다면, 마지막 날에는 총 250개의 브랜드 네임이 모이게 된다.

네이밍 스프린트의 둘째 날에는 챔피언이 전날 제출된 브랜드 네임을 스프린트팀과 공유하고, 이는 팀원과 '함께 하는' 브레인스토밍의 분위기를 형성한다. 팀원들은 전날의 브랜드 네임을 검토하며 서로의 아이디어에 새로운 생각을 보탠다. 동료가 더 깊은 생각을 할 수 있도록 도움을 줄 수 있다. 어디서 어떤 영감이 솟을지는 아무도 모르는 법이다. 함께 하는 브레인스토밍은 같은 브랜드 네임이 반복해서 제출되는 일도 막아준다. 당신이 떠올렸던 브랜드 네임을 다른 팀원이 이미 제출했다면 번복할 필요가 없어지기 때문이다.

프로세스를 최대한 단순하고 쉽게 만들자. 스프린트팀과 프로젝트에 참여하는 누구든지 매일 챔피언에게 네이밍 아이디어를 제출하면 된다. 간단한 이메일이면 충분하다. 챔피언은 제출된 브랜드 네임을 한데 모아 익명화한다. 제출자의 이름을 지우고 제출 순서에 상관없이 섞어 누가 어떤 브랜드 네임을 제출했는지 모르게 만든다는 뜻이다. 챔피언은 다음 날 아침 전날 제출된 브랜드 네임을 스프린트팀과 공유한다. 네이밍 스프린트 단계에 쓰이는 창의력과 효율성을 눈에 띄게 향상시키는 간단한 프로세스이다.

비난하지 말자.

모든 아이디어는 섬세하고 소중하다.
누군가가 성의를 가지고 브랜드 네임을
제안했다면 마땅히 존중받아야 한다.
누구도 그 가능성을 비웃거나 무시해서는
안 된다.

당신이나 다른 팀원에게는 별로인 것처럼
들려도 괜찮다. 지금은 브랜드 네임을
만드는 중이지 테스트하려는 것이 아니다.
여러 아이디어를 기반으로 새로운 브랜드
네임을 만들어도 좋고, 지금까지 나온
아이디어를 서로 섞거나 바꿔도 좋지만,
비난만은 하지 말아야 한다.

브레인스토밍 Tip

네이밍에 필요한 것은 많지 않지만, 팀원들이 네이밍 스프린트를 시작하기 전에 익숙해져야 할 몇 가지 도구와 전략을 알아보자.

아이디어 포착하기

아이디어가 어디서 떠오를지는 아무도 모른다. 어떨 때는 샤워를 하다가, 회의 중에, 혹은 잠을 자다가도 떠오른다. 그러므로 수첩이나 핸드폰을 꼭 곁에 지니고 생활하자.

　나는 대개 밤에 아이디어가 생각난다. 잠에서 깨 휘갈긴 글씨는 읽기 힘들다는 사실을 이미 오래전에 깨달은 나는, 나 자신에게 문자를 보내기 시작했다. 당신에게 가장 잘 맞는 방식을 선택하자. 아이디어가 그냥 스쳐 지나가게 내버려 두지 마라. 언제 어디서라도 아이디어를 포착할 수 있는 당신만의 방법을 찾아라.

브랜드 네임 목록 작성하기

매일 할당량을 달성하기 위해서는 많은 브랜드 네임을 떠올려야 할 것이다. 딱히 중요하지 않아 보여도 그동안 떠올린 모든 브랜드 네임, 단어, 문구들을 정리한 목록을 작성하자. 어쩌면 명단을 이용해 전에 떠올렸던 아이디어를 되짚어 보며 새로운 아이디어에 도달할 수도 있다.

어떤 도구든지 상관없다. 워드프로세서^{Microsoft Word}, 엑셀^{Excel}, 구글문서도구^{Google Docs}, 포스트잇 노트^{Post-it Notes}나 공책도 괜찮다. 옛날 사람인 나는 펜 한 자루와 공책 한 권을 들고 다니며 종이를 네이밍 아이디어로 빼곡히 채운다. 아이디어가 생각나면 곧바로 받아 적을 수 있고, 나중에 한 번 더 들여다보며 메모를 추가할 수 있기에 펜과 종이를 애용하는 편이다. 네이밍 프로젝트 하나가 끝날 때마다 낙서장처럼 변하지만 내게 딱 맞는 방법이다. 당신에게 맞는 방법은 무엇인가?

검색은 반칙이 아니다

지름길이나 사용 가능한 도구가 있다면 적극적으로 활용하자. 나는 네이밍을 할 때 항상 인터넷을 활용한다.

구글, 아이튠즈^{iTunes}, 아마존에서 아이디어를 얻거나, 사전과 유의어 사전에서 단어를 찾아보아도 좋다. 독창적인 아이디어를 찾고 싶다면 무엇이든지 이용하자. 인터넷 사용은 부정행위가 아니라 똑똑한 행동이다. 하루의 할당량을 채울 수만 있다면 찾을 수 있는 모든 도구와 자원을 이용하자.

네이밍을 자신과의 약속으로 만들자

전설적인 코미디언 제리 사인펠드Jerry Seinfeld도 피나는 노력이 있었기에 정상의 자리에 설 수 있었다. 사인펠드는 자신이 매일 새로운 소재를 떠올린 덕분에 성공할 수 있었다고 말한다. 또한, 자신의 직업이 건설 현장의 인부나 공장의 직공이 하는 일과 다르지 않음을 설명했다. "건설 현장 인부들도 점심시간이 끝나면 다시 일터로 돌아가기 싫어합니다. 그럼에도 다시 일하러 가죠. 그게 그들의 직업이기 때문입니다. 그들이 건설 현장의 고된 일에도 책임을 다해 일한다면 나도 내 직업에 최선을 다하지 않을 이유가 없습니다."

네이밍도 업무의 일종이다. 시간을 내서 할당량을 채워야 한다. 무엇이든 운에 맡기면 실망스러운 결과를 얻는 법이다.

네이밍을 위한 기본 준비를 마쳤다. 당신에게는 전략, 팀원, 창작을 위한 마음가짐이 준비되었다. 5일간의 네이밍 스프린트를 시작해 보자!

2단계: 스프린트

아이디어에는 가산적인 성질이
있다. 5일이라는 시간 동안 매일
네이밍을 하며 아이디어를 더해
가면, 잊지 못할 브랜드 네임을
찾을 확률이 높아진다.

5일간의 네이밍 스프린트 단계는 브랜드 네이밍 프로세스를 움직이는 **창의력의 엔진** 역할을 한다.

앞으로 5일 동안 당신과
스프린트팀은 브랜드 네이밍을
위해 많은 아이디어를
떠올리게 될 것이다.
5일의 시간 동안 매일 주어지는
네이밍 활동을 하고, 영감을
얻고, 오늘의 할당량을 채우자.

팀원들과 서로를 의지하자.
같은 목적을 가진 팀원들은
멋진 브랜드 네임을 만들기
위해 함께 일할 준비를 마쳤다.
모두가 최선을 다해 네이밍에
참여할 것을 믿어 의심치 않는다.

1일 차:
고객의 관점에서
브레인스토밍하기

풍부한 통찰력과 정보로 만들어진 네이밍 전략은 창의적 프로세스를 시작하기에 가장 이상적인 조건이다. 전략을 활용해 직접 브랜드를 이용하는 고객과 사용자의 입장이 되어보자. 브랜드가 고객과 사용자에게 제공하는 경험을 단어나 문구로 연결 지어 생각하는 것이 좋다. 다양한 가능성에 마음을 열고, 나 자신이 브랜드 자체라는 느낌으로 브랜드 네임을 찾아보자.

네이밍 활동

1일 차 네이밍 활동은 약 90분의 시간이 소요된다. 재량에 맞게 2~3회로 나누어 실행해도 좋다.

A. 몇 개의 단어 목록을 구성하는 데 도움이 되는 네이밍 전략을 사용하라. 각 카테고리에 대해 최소 10개에서 20개의 특성을 만들고 브랜드에서 드러나는 간단하고 구체적인 아이디어를 찾아라.

◆ **경험:** 당신의 브랜드에서 일하며 몸소 겪고 느꼈던 느낌을 묘사하는 단어나 문구, 소리나 감정을 생각해 보자. 충분히 깊이 몰두하자.

◆ **감각:** 브랜드의 본질을 떠올렸을 때 느껴지는 감각의 종류를 생각해 보자.

◆ **결과:** 당신의 브랜드를 이용함으로써 고객과 사용자는 무엇을 얻을 수 있는가?

◆ **가치:** 당신이 소속된 조직이나 브랜드의 가치와 믿음이 어떻게 사용자의 삶의 질을 높이는가?

◆ **차이점:** 브랜드 네임에서 드러날 수 있는 브랜드의 특성이나 구성 요소를 탐색해 보자. 무엇이 보이는가? 혹은 무엇이 더 두드러져 보이는가?

B. 당신이 받아 적은 단어 중에 흥미롭거나 설득력 있는 아이디어에는 동그라미를 치자. 좋은 문구나 아이디어를 찾았다면 그것을 기반으로 더 많은 단어와 문구를 만들어 보자. 20개 정도의 브랜드 네임이 적당하다.

◆ 최대한 많은 브랜드 네임, 단어, 아이디어를 떠올려 빠짐없이 기록하자.

◆ 당신의 생각을 묘사해 줄 유의어, 직유법, 은유법을 찾아보자.

◆ 소리로 표현될 수 있는 아이디어나 개념이 있는가? 있다면 소리를 받아 적어보자. 진짜 단어처럼 들리는 소리가 있다면 그 소리도 기록하자.

C. 좋은 브랜드 네임 5개가 나올 때까지 위의 과정을 반복한다.

영감 얻기

프리스비[Frisbee]는 원래 비행 원반 장난감 월로 웨이[Whirlo-Way]라고 불렸다. 월터 '프레드' 모리슨[Walter 'Fred' Morrison]은 1946년에 원반을 발명한 후 10여 년에 걸쳐 디자인과 전체 품질 향상에 온 힘을 기울였다. 1957년, 모리슨은 홀라후프를 발명한 웸오[Wham-O]에게 프리스비의 권리를 판매했다.

웸오에게 자신의 발명품을 넘기기까지 모리슨은 여러 브랜드 네임을 시험해 보았다. 1941년에 3관왕을 달성한 경마 월라웨이[Whirlaway]를 기리는 브랜드 네임 '월로 웨이'가 그 시작이었다. 그러나 1947년, 모리슨은 뉴멕시코[New Mexico]주에서 발견된 우주선 로즈웰[Roswell]이 불러온 UFO 열풍을 따라서 장난감의 브랜드 네임을 '플라잉 사우서[Flying Saucers](나르는 비행접시)'로 바꿨다가 '플루토 플래터[Pluto Platters](명왕성 비행접시)'로 바꾸었다.

모리슨에게서 원반의 권리를 사들인 지 얼마 되지 않아, 웸오는 장난감의 브랜드 네임을 프리스비로 바꾸었다. 그러나 모리슨의 마음에 전혀 들지 않았다. "프리스비라는 브랜드 네임을 단 한 번도 좋아해 본 적 없습니다." 모리슨은 말했다. "멍청한 브랜드 네임이에요. '프리스비'에는 아무 의미도 없잖습니까." 그러나 웸오의 공동설립자 리치 너[Rich Knerr]는 직접 현장에 나가 실제 고객과 대화하며 뛰어난 마케팅 실력을 증명했다. 리치는 원반을 가지고 노는 아이들이 장난감을 '플루토 플래터'가 아닌 '프리스비'라

고 부르는 모습을 목격했다.

프리스비 파이 컴퍼니^{Frisbie Pie Co.}는 코네티컷^{Connecticut}주의 오래된 제과점이다. 1940년대 당시의 대학생들은 다 먹은 파이 포장지를 던지며 놀았다. 넷플릭스가 나오기 전이니 충분히 이해가 간다. 플루토 플래터는 대학생들 사이에서 자연스럽게 '프리스비^{frisbie}'라고 불리기 시작했다. 리치는 이 별명을 적극적으로 받아들여 브랜드 네임의 철자까지 'Frisbee'로 바꾸었다.

리치는 네이밍의 천재였다. 오늘날의 프리스비는 크리넥스^{Kleenex}나 구글처럼 자연스러운 단어가 되었고, 모리슨의 가족들은 지금도 웸오에게서 꼬박꼬박 브랜드 네임 사용료를 받고 있다. 훗날 모리슨은 자신의 부족한 역량을 인정하며 말했다. "내게 이름을 보는 눈이 없다는 사실이 증명되었을 뿐입니다."

오늘의 할당량

1. _____
2. _____
3. _____
4. _____
5. _____

짜잔! 스프린트의 첫날이 막을 내렸다. 챔피언에게 오늘 떠올린 브랜드 네임을 제출하자.

실제 소비자와
대화하자.

대화를 통해 어떤 새로운
사실을 알게 될지는
아무도 모른다.

2일 차:
문학에 취해 보자

책, 영화, 음악에서 얻는 영감은 놀라운 네이밍을 가능하게 만든다. 많은 작가가 여러 세기에 걸쳐 거대한 아이디어를 나눠 작은 문구에 담아내는 일을 해 왔다. 믿지 못하겠다면 당장 영화 제목, 노래 제목, 밴드 이름을 검색해 보자.

책의 내용도 살펴보자. 네이밍을 위해 읽는 책은 재미나 학습을 위해 하는 독서와는 다른 느낌이다. 특이한 단어나 색다른 단어의 조합에만 정신이 집중되기 때문이다. 책을 훑어볼 때는 당신을 멈칫하게 만드는 단어나 문구에 초점을 두자. 혹시라도 찾았다면 꼭 기록해 두자. 그토록 찾는 브랜드 네임이 숨겨져 있을지도 모른다.

네이밍 활동

2일 차 활동은 1일 차 활동보다 조금 더 많은 조사를 해야한다. 한 시간 정도의 시간을 정해 인터넷 검색을 하거나 도서관을 방문하여 영감을 찾아 나서자. 최대한 많은 브랜드 네임과 단어와 아이디어를 떠올려 모두 기록하자.

A. 브레이니쿼트^{BrainyQuote} 같은 인용문 웹 사이트에서 시작하길 권한다. 당신의 브랜드와 관련 있는 단어나 아이디어를 검색하고 흥미로운 묘사법이나 표현 방식을 찾아보자. 다른 사람들은 어떤 방식으로 언어를 사용하고 아이디어를 공유하는가?

B. 아마존과 아이튠즈의 도서, 음악, 영화 제목을 검색해 보자.

C. 도서관으로 현장 학습을 하러 가자. 도서관의 모든 통로와 모든 책 사이에 당신을 위한 영감이 존재한다.

D. 원한다면 오늘의 네이밍 활동 대신 어제 했던 활동을 다시 해도 괜찮다. 본인에게 가장 잘 맞는 활동을 하면 된다. 오늘의 할당량을 채울 수만 있다면 어떤 방법을 써도 좋다.

영감 얻기

스타벅^{Starbuck}은 허먼 멜빌^{Herman Melville}의 소설 모비딕^{Moby Dick}에 등장하는 일등 항해사의 이름이다. 당신의 궁금증에 답하자면, 스타벅은 커피를 좋아하지 않았다. 소설 내내 단한 잔의 커피도 마시지 않는다. 세계에서 가장 큰 커피 브랜드의 네임으로는 의아한 선택이지만, 스타벅스의 창립자들이 문학광이라는 사실을 알고 나면 충분히 이해가 간다.

전 세계에 고품질 커피를 유행시키기 전의 스타벅스는 주로 고급 커피콩과 드립 커피 메이커를 취급하는 시애틀의 작은 회사였다. 스타벅스의 창립자 고든 보커^{Gordon Bowker}, 제리 볼드윈^{Jerry Baldwin}, 지브 시글^{Zev Siegl}은 모두 문학에 큰 열정을 가지고 있었다. 보커는 작가였고, 볼드윈은 영어 선생님이었으며, 시글은 역사 선생님이었다.

스타벅스라는 브랜드 네임을 처음 제안한 사람은 고든 보커였다. 음식에 관한 정보를 얻을 수 있는 쿨리네리로어 사이트에 따르면 "보커는 캐스케이드 산맥^{Cascades}과 레이니어 산^{Mount Rainier}이 그려진 오래된 광산 지도에서 스타보^{Starbo}라는 이름의 작은 마을을 발견했다. 보커는 곧바로 모비딕에 등장하는 일등 항해사를 떠올렸다. 커피랑은 아무 상관 없었지만, 매력적이라고 생각했다."라고 한다. 세 사람은 스타벅의 맨 뒤에 'S'를 붙여 발음을 더 좋게 만들었다.

이들은 흥미로운 배경 이야기를 붙이기 위해 스타벅스가 커피를 사랑하는 모비딕의 일등 항해사라고 주장했지만, 홍보를 위해 고전문학을 이용하지 말라는 멜빌 협회^{Melville Society}의 강한 항의로 저지되었다.

스타벅스는 추상적인 브랜드 네임이지만 특별한 분위기를 풍긴다. 해상의 테마, 세이렌^{Siren}(바다에 살며 노랫소리로 선원을 유혹한 여자 모습의 고대 괴수) 로고, 고급스러운 음료가 고객에게 어떠한 이야기를 들려준다. 브랜드 네임이 유래한 문학의 출처를 몰라도 한 번 들으면 잊기 힘든 것만은 확실하다.

오늘의 할당량

1. _____

2. _____

3. _____

4. _____

5. _____

오늘도 해냈다! 챔피언에게 오늘 떠올린 브랜드 네임을 제
출하자.

3일 차:
노골적인 브랜드 네임과
보이지 않는 브랜드 네임

모든 조직에는 그들만의 언어가 있다. 조직이 제공하는 아이디어, 제품, 서비스를 독특한 단어나 문구로 표현하는 것이다. 예를 들어 스타벅스에는 벤티^{Venti}, 그란데^{Grande}, 톨^{Tall}, 쇼트^{Short}처럼 컵 크기를 부르는 그들만의 언어가 있다.

당신 기업의 언어는 창의력에 불을 붙일 독창적인 단어와 문구로 가득한 귀중한 보물 창고이다.

네이밍 활동

2~3회에 걸쳐 각각 20분 길이의 브레인스토밍을 하자. 제한 시간 내에 최대한 많은 브랜드 네임, 단어, 아이디어를 떠올려 모두 기록한다.

A. 당신의 조직에서는 무슨 단어나 문구가 쓰이는가? 조직 내 제품, 프로세스, 시스템, 직함, 직무 등을 의미하는 이름이나 은어를 생각해 보자. 아래의 장소들에서 많은 예를 찾아볼 수 있다.

◆ 이미 존재하는 기업이라면 마케팅 자료, 제안서, 안내 책자 등에서 직원들이 자주 쓰는 어휘를 가늠하자.

◆ 신생 기업이라면 지금까지 만든 자료들을 살펴보자.

◆ 기업이 속한 산업 분야나 경쟁사를 조사하자. 무슨 용어나 문구가 자주 보이는가?

B. 위의 단어 중 그대로 브랜드 네임으로 쓰거나 변형해서 쓸 수 있는 단어가 있는가?

C. 위의 언어는 어떤 주제나 아이디어를 기반으로 하고 있는가?

영감 얻기

WD-40에는 경이로운 기능이 가득하다. 꽉 조인 나사를 느슨하게 하고, 기계가 삐걱거리는 소리를 없애고, 녹을 제거하고, 타일을 깨끗하게 청소하고, 찐득찐득한 이물질도 닦아낼 수 있다. 강력 접착테이프처럼 모든 가정이 필수로 갖추어야 하는 물건이다. WD-40의 뜻을 들으면 얼마나 노골적으로 네이밍을 했는지 바로 알 수 있다. WD-40는 1953년에 발명된 'Water Displacement 40th Formula'의 약자로, '40번째 시도 끝에 만드는 데 성공한 습기 제거제'라고 해석할 수 있다.

제조사 WD-40 컴퍼니^{WD-40 Company}의 웹 사이트에서는 제품 네임의 유래를 이렇게 설명한다. "1953년, 3명의 직원으로 이루어진 신생 기업 로켓 케미컬 컴퍼니^{Rocket Chemical Company}는 항공우주선의 부식 방지와 탈지를 위한 화학 제품을 만들었다… 40번의 시도 끝에 습기를 성공적으로 제거하는 화학 물질의 조합을 찾아낼 수 있었다."

1959년 무렵, 로켓 케미컬의 발명품은 이미 큰 성공을 거둔 후였다. 《알토이즈부터 지마까지: 유명 브랜드 네임에 숨겨진 125개의 놀라운 이야기^{From Altoids to Zima: The Surprising Stories behind 125 Famous Brand Names}》의 저자 에반 모리스^{Evan Morris}에 의하면 미국 정부까지 아틀라스^{Atlas} 미사일의 부식 방지 용도로 WD-40를 사용했다고 한다. 모리스는 다음과 같은 기록도 남겼다. "무엇이든 위에 뿌리기만 하면 부식을 방지하고 윤활제 역할까지 한다는 사실을 발견한 컨베이어^{Covair}(지금은 사라진 미국의 항공기 제조업체) 공장의 직원들은 급기야 WD-40을 빼돌려 개인의 집에서 사용하기 시작했다."

제품의 뛰어난 성능은 둘째 치고, WD-40이라는 네임이 로켓 케미컬 컴퍼니의 직원들에 의해 만들어졌다는 사실에 주목하자. WD-40은 연구 일지에서 급하게 고른 네임이다. 로켓 케미컬의 엔지니어들이 40번의 시도 끝에 습기 제거 불질을 찾았기 때문에 탄생한 네임이다.

당신의 브랜드를 위한 네임은 생각보다 가까이 있을지도 모른다. 당신의 기업 내부에서부터 시작하자. 매일 쓰는 프로세스, 시스템, 시험, 제품 등을 무슨 이름으로 부르고 있는가? 영감은 어디에서나 찾아온다. 당신이 이미 쓰고 있는 이름이 실제로 브랜드 네임이 될 수도 있다.

오늘의 할당량

1. _____
2. _____
3. _____
4. _____
5. _____

식은 죽 먹기다. 축하한다! 챔피언에게 오늘 떠올린 브랜
드 네임을 제출하자.

4일 차:
사람, 장소, 공간

실재하거나 허구인지에 상관없이 사람, 장소, 공간에서도 많은 영감을 얻을 수 있다. 당신 주변의 세계에서 브랜드에 어울릴 만한 은유 대상을 찾자. 암시적 네임이나 추상적 네임의 기능을 기대할 수 있다.

파타고니아^{Patagonia} 의류는 남미 고원의 이름을 그대로 따왔다. 파타고니아의 창립자 이본 쉬나드^{Yvon Chouinard}는 브랜드 네임이 "빙하가 피오르로 흘러 들어가고, 바람을 맞고 서 있는 뾰족한 산봉우리, 가우초^{gaucho}(남미 초원지대의 카우보이)와 콘도르가 공존하는 낭만적인 풍경"을 연상시킨다고 설명한다. 그는 파타고니아가 "우리 브랜드와 잘 맞고, 모든 언어로 발음될 수 있는 좋은 브랜드 네임"이라고 말했다.

당신의 브랜드를 구현하는 사람, 장소, 공간을 찾아보자.

네이밍 활동

모든 일정을 제치고 이번 주에 했던 활동 중 가장 생산적인 활동인 브레인스토밍을 한 시간동안 진행하자. 떠올린 네이밍 아이디어는 모두 기록한다.

　이번 활동은 각각 다른 관점으로 접근해 보겠다.

A. 브랜드의 특성을 암시적으로 표현하는 지역이나 장소기 있는가? 구글 어스Google Earth를 찾아보길 추천한다. 특정 감정이나 특징을 떠올리게 하는 지역을 찾아보자.

B. 당신의 브랜드를 대표하는 지역인, 장소, 공간이 있는가? 브랜드의 본질을 대변할 만한 역사적 건축물이나 지역이 있다면 기록해 보자.

C. 브랜드에서 다른 세계에 존재하는 사람, 장소, 공간, 아이디어와의 연결 고리를 찾을 수 있는가? 있다면 이들은 같은 성능과 경험을 공유하는가?

D. 누가, 혹은 무엇이 당신의 브랜드를 형상화하는가?

E. 브랜드의 본질이나, 브랜드가 앞으로 향할 방향을 암시하는 사람, 장소, 공간을 찾자.

영감 얻기

이케아^{IKEA}만큼 독특한 브랜드 네임을 잘 활용하는 브랜드도 흔치 않다. 독스타^{Docksta} 탁자, 엑토르프^{Ektorp} 소파, 포엥^{Poäng} 암체어, 칼락스^{Kallax} 선반, 빌리^{Billy} 책장 등이 그 예이다. 각각의 브랜드 네임은 소비자가 느끼는 상품의 가치를 높이고, 각자의 집에 이케아의 제품만을 위한 공간이 있다고 느끼게 만든다.

이케아는 단순함과 확장성을 적극적으로 활용하여 상품명을 정한다. 이케아의 상품에는 스칸디나비아의 마을, 도시, 인물, 또는 스웨덴어의 이름이 주어진다. 하지만 그냥 무작위의 스웨덴어 단어를 붙이는 것보다 훨씬 멋진 네이밍 방식이 사용된다. 각각의 가구들은 종류에 따라 특정한 이름이 주어진다. 예를 들어 야외용 가구에는 스칸디나비아의 섬 이름이 붙는다. 에플라뢰^{Äpplarö}는 목재로 된 야외용 가구, 솔레뢴^{Sollerön}은 야외용 소파, 마스톨멘^{Mastholmen}은 야외용 커피 탁자의 이름이다. 구글 지도^{Google Maps}를 잘 들여다보면 각각의 가구가 상징하는 섬들을 찾아볼 수 있다.

상품 목록 관리와 브랜딩을 단순화하기 위해 이케아의 상품들은 모든 상점에서 같은 브랜드 네임으로 팔리고 있다. 그 예로 파티그^{Fartyg} 천정등은 어디서 구입해도 똑같은 파티그 천정등이다.

이런 네이밍 시스템은 이케아의 창립자 잉바르 캄프라드^{Ingvar Kamprad}에게서 고안되었다. 캄프라드는 평생 난독

증으로 고통받았다. 상품 분류 코드 숫자의 순서를 외우기
힘들었던 그는 숫자를 이름의 형태로 바꾸어 각 상품을 기
억하기 쉽게 만들었다. 이는 주문서를 작성할 때 실수하는
일을 줄여주었다.

　독특한 이케아식 네이밍 시스템은 빠르고 효율적으로
새 상품의 네이밍을 돕는 한편, 네이밍의 자유를 구속하
지는 않는다. 이케아는 언제든지 더 현명한 네이밍 방식을
채택할 준비가 되어 있기 때문이다. 그 예로 이케아의 인

기 상품인 빌리 책장은 직원 빌리 리자달^{Billy Likjedhal}의 이름을 따서 지어졌다. 일부 상품에는 기능적인 브랜드 네임도 있다. 슬라다^{Sladda} 자전거는 스웨덴어로 '미끄러짐'을 뜻하고, 크로사^{Krossa} 향신료 분쇄기는 '으깨다', 혹은 '갈다'를 뜻한다.

오늘의 할당량

1. _____
2. _____
3. _____
4. _____
5. _____

미션 완수! 챔피언에게 떠올린 브랜드 네임을 제출하자.

5일 차:
단어를 변경하기

인스타그램과 페이스북은 전혀 다른 단어를 합쳐 만든 합성어 브랜드 네임이다. 앞서 설계한 네이밍 전략의 핵심 아이디어를 기준으로 2개 이상의 단어 조합이나 새로운 단어로 만들 수 있는 소리를 찾아보자. 단어 뒤에 접미사 '-ify', '-ers', '-ia'를 붙이는 것도 한 방법이다. 원지스^{Onesies}('one'+'-ies'), 스포티파이^{Spotify}('spot'+'-ify'), 팸퍼스^{Pampers}('Pamp'+'-ers'), 익스피디아^{Expedia}('exploration'+'speed'+'-ia') 등의 브랜드 네임들은 이렇게 만들어졌다. 지금까지 당신이 만든 브랜드 네임에 접미사를 붙여보자.

어쩌면 조금의 엉뚱함과 유머 감각이 브랜드에 도움이 될 수 있다. 푸푸리^{Poo-Pourri}(화장실 탈취제 브랜드. '변'을 뜻 '푸^{poo}'와 '말린 꽃, 나뭇잎을 섞은 방향제'를 뜻하는 '포푸리^{potpourri}'를 합친 합성어)처럼 재미있고 듣는 순간부터 절대 잊지 못할 브랜드 네임을 만들자. 시적인 브랜드 네임도 좋다. 유치해도 좋다. 들었을 때 사람을 미소 짓게 하고 소리 내 웃게 만드는 브랜드 네임을 만들어 보자. 라임존닷컴^{Rhymezone.com}에서 초보자를 위한 유용한 자료를 찾을 수 있다.

좀 더 모험해 보고 싶다면 아큐라, 스위퍼, 구글처럼 새로운 단어를 발명해 보자. 여기서 핵심은 브랜드 네임을 입 밖으로 소리 내어 말해 보는 것이다. 단어를 이루는 구성 요소와 단어가 가진 다양한 소리를 큰 소리로 말하며 당신의 브랜드에 어울리는 소리를 찾자. 예를 들어 지퍼 zipper의 발명자는 지퍼를 빨리 여닫을 때 나는 소리를 본떠 브랜드 네임을 만들었다.

네이밍 활동

활동을 위해 조용한 장소를 찾자. 단어를 구상했다면 소리 내 말해 보자.

A. 브랜드 네임의 기본이 되는 단어들을 정하자. 당신의 브랜드가 포함하는 핵심 단어, 분야, 문구에는 무엇이 있는가? 제한 시간 20분 동안 최대한 많은 용어를 떠올려 보자. 잊지 말고 기록하자.

B. 오늘 떠올린 브랜드 네임 목록(혹은 이전에 떠올렸던 브랜드 네임 중)에서 단어를 고르자. 256페이지의 단어 생성 표를 참고해 접두사, 접미사, 어근을 더하자.

C. 바나나그램스^{Bananagrams}나 스크래블 게임의 알파벳을 움직여 재미있는 발음의 단어를 만들자. 여러 개의 알파벳을 사용해 마음 내키는 대로 당신만의 단어를 만들어 보자.

D. 구글에 '말장난'이나 '말장난 예시'라고 검색해 보자. 창의력을 충전하고 아까 선정했던 핵심 단어에 어울릴 만한 표현이 있는지 찾아보자.

단어 생성 표

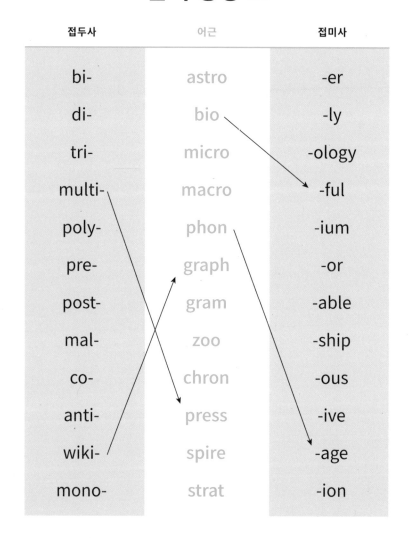

접두사	어근	접미사
bi-	astro	-er
di-	bio	-ly
tri-	micro	-ology
multi-	macro	-ful
poly-	phon	-ium
pre-	graph	-or
post-	gram	-able
mal-	zoo	-ship
co-	chron	-ous
anti-	press	-ive
wiki-	spire	-age
mono-	strat	-ion

영감 얻기

치리오스^{Cheerios}는 미국에서 가장 많이 팔리는 아침 식사용 시리얼이다. 당연히 나도 치리오스를 먹으며 자랐다. 주말 아침이면 형제들과 함께 허니 넛 치리오스^{Honey Nut Cheerios}를 먹곤 했다! 집에서는 단 음식을 많이 먹지 못했기 때문에 '맛있는 것'을 먹을 수 있는 토요일이 항상 기다려졌다.

치리오스의 원래 브랜드 네임은 치리오츠^{Cheerioats}였다. 제조사 제너럴 밀스^{General Mills}는 과학자 레스터 보르하르트 ^{Lester Borchardt}에게 콘플레이크^{Corn Flakes}와 위티즈^{Wheaties}를 상대할 새로운 시리얼의 개발을 의뢰했다. 귀리 가루로 만든 반죽을 재미있는 모양으로 튀겨보고 싶었던 보르하르트는 그 후 몇 달 동안 반죽을 완벽하게 튀겨내는 기계 개발에 전념했다. 그가 발명한 기계는 귀리 반죽을 우유에 둥둥 떠다니는 작은 튜브 모양으로 튀겨내는 데 성공했다. 한 치의 오차 없이, 틀림없는 치리오스의 모양이었다.

암시적 네임 치리오츠는 소비자의 마음을 사로잡았다. 치리오스는 말한다. "치리오츠가 출시되기 전인 1941년, 5개의 도시에서 모집한 소비자 단체에 제품의 암시적 네임 후보들을 소개했습니다. 치리오츠는 그때 설문에 참여했던 소비자 단체가 직접 선택하고, 제너럴 밀스가 받아들인 브랜드 네임입니다."

위기감을 느끼게 된 경쟁사 퀘이커 오츠^{Quaker Oats}는 '오츠^{oats}'를 썼다는 이유로 제너럴 밀스에 상표권 침해 소송을 걸었다. 제너럴 밀스는 길어지는 소송에 응하는 대신 제품 네임을 치리오스로 바꿨다. 동그란 시리얼의 모양과 브랜드 네임에 들어가는 알파벳 O가 브랜드를 더 재미있고 기억하기 쉽게 만들었다.

듣기에는 간단하지만, 합성어와 신조어가 항상 사람들의 생활에 존재했던 것처럼 들리게 하려면 많은 노력과 수정이 필요하다. 치리오스는 신조어인데도 실제 단어처럼 보이고 들리는 네임 중 하나다. 치리오스의 원래 네임은 '치어리^{cheery}('쾌활한'을 의미한다)'와 '오츠^{oats}('귀리'를 의미한다)'가 만나 만들어졌다. 퀘이커 오츠의 소송은 브랜드 네임을 더 긍정적인 모습으로 진화시켰을 뿐이다.

오늘의 할당량

1. _____
2. _____
3. _____
4. _____
5. _____

스프린트가 끝났다! 이번 주 내내 훌륭하게 잘 따라와 주었다. 챔피언에게 오늘 떠올린 브랜드 네임을 제출하자.

★ more than a gut feeling
this one
LEAPJob
USE DOTS TO VOTE
here
★ LOOK FOR AN EMOTIONAL REACTION
★ DON'T FALL IN LOVE
get it right
CONTRACT
DECIDE
"NAME SCORE" THE SHORTLIST THEN TEST!
• shortlist
• evaluate
• test
• select
taken
not taken
PACK UP
BOX MATES
taken
taken

3단계: 선택

브랜드 네임의 채택은 당신이
브랜드를 위해 내리는 결정
중에서도 특히나 중요하다.
한 번 선택한 브랜드 네임은
아주 오랫동안 당신을 따라
다니기 때문이다.

좋은 브랜드 네임을
선택하려면 직감보다

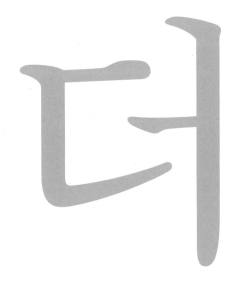

많은 근거가
필요하다.

"일단 보면
알게 될 거야."

이는 미신 같은 말이다.
브랜드 네이밍 프로세스는
브랜드 네임 선정 단계에서
드러나는 불확실함을 제거한다.
앞으로 제공될 활동과 도구들을
잘 활용하자. 이번 단계에서는
최종 후보 명단을 작성해 평가하고,
테스트 과정을 거친 후,
당신의 브랜드에 꼭 맞는 멋진
브랜드 네임을 선택할 것이다.

최종 후보 명단

모든 브랜드 네임의 가치는 다르고, 이를 다 사용할 수는 없다. 가장 먼저 네이밍 스프린트 단계에서 모인 브랜드 네임 중 테스트할 3~10개를 추려내자.

가망 없는 브랜드 네임은 버리자

테스트와 선택 단계로 넘어가기 전, 쓸 수 없는 브랜드 네임은 과감하게 버려야 한다. 이미 상표 등록이 끝났거나 경쟁사가 쓰고 있는 브랜드 네임에는 가망이 없다. 더 생각도 말고 슬퍼도 말라. '이미 사용 중'이라고 표시하고 다음 단계로 넘어가자.

상표의 사용 가능 여부는 보통 변리사에게 심사를 의뢰하지만 아직은 이르다. 빠르고 간편한 인터넷 검색만으로 꽤 정확하게 브랜드 네임의 사용 가능 여부를 짐작할 수 있다.

아래는 어떤 브랜드 네임을 쓸 수 있을지 직접 알아보는 방법들이다.

◆ **구글:** 간단한 검색만으로 많은 정보를 발견할 수 있는 매체이다. 당신의 단어나 문구를 누가 어떻게 사용하고 있는지 살펴보자.

◆ **앱 스토어:** 애플리케이션 시장은 빠르게 커지고 있다. 아이튠즈와 구글 플레이Google Play에 당신의 브랜드 네임이 등록되어 있는지 확인하자.

◆ **도메인 등록 웹 사이트:** 고대디GoDaddy나 당신이 원하는 웹 사이트에 도메인 네임 사용이 가능한지 확인하자. 이미 등록된 도메인이라면 활성화 여부와 누가 쓰고 있는지를 파악하자. 어쩌면 원래 주인에게서 구매할 수 있을지도 모른다.

◆ **소셜 미디어:** 개인적으로는 브랜드 네임이 사용되고 있는지 뿐만 아니라 사용 가능한 계정 이름을 찾기 위해서도 소셜 미디어를 애용한다. 트위터나 인스타그램에서 브랜드 네임을 포함한 단축 주소 사용이 가능한지 확인하자.

◆ **어번 딕셔너리**Urban Dictionary(영어권의 속어와 은어의 정의를 설명해 주는 웹 사이트)**:** 당신의 브랜드 네임이 혹시라도 불쾌감을 주는 은어가 아닌지 확인하자. 정말 마음에 들어도 특정 집단에게는 전혀 다른 의미가 있는 브랜드 네임을 선택할 수는 없다.

◆ **상표 데이터베이스:** 마지막으로 당신의 브랜드가 활동할 계획이 있는 국가의 상표 데이터베이스를 검색하자.

　문제점을 가차 없이 찾아내자. 최종 단계에서 사용할 수 없는 브랜드 네임이라면 지금 버려야 한다.

아직 너무 앞서가지 말자

숱하게 일어나는 일이지만 마음을 단단히 먹어야 한다. 이 단계에서 벌써 브랜드 네임들과 사랑에 빠지면 안 된다. 나중에 가슴 아픈 일이 일어날 수 있기 때문이다.

　바로 내가 같은 상황에 직면했었다. 최종 제목을 선택하기 전 이 책의 제목은 네임스토밍Namestorming이었다. 너무나도 사랑하는 네임이지만, 내 것이 될 수 없었다. 1992년에 네임스토머NameStormers의 CEO 마이크 카Mike Carr가 이미 '네임스토밍NameStorming'의 상표 등록을 마쳤기 때문이다. 나는 변호사에게 조언을 구했다. 그는 "2가지 선택권이 있어요. 단념하고 다른 네임을 찾던가, 상표 주인에게 전화해서 팔 생각이 있는지 물어보세요."라고 말했다. 나는 두 번째 옵션을 선택했다.

　나는 곧바로 마이크에게 전화해 상황을 설명하고, 내게 상표 사용을 허락하거나 아예 판매할 생각이 없는지 물었다. 우리는 많은 대화를 나누며 함께 일할 방법을 모색했지만 끝내 다른 네임을 찾아야만 했다. 일단 마이크의 회사명이 네임스토밍이었고, 네임스토밍은 그가 고안해 낸 네이밍 방식의 이름이었다. 누가 봐도 이미 마이크의 브랜드였다. 내가 얼마나 사랑했는지는 상관없이 결국 떠나보내야 하는 네임이었다.

이런 상황은 곧잘 일어나는 일이다. 마음에 쏙 드는 브랜드 네임을 찾아도 이미 누군가가 쓰고 있다면 포기해야 한다. 다른 사람의 상표 사용은 고소당하는 지름길이다. 네이밍 스프린트 단계에서 가능한 많은 브랜드 네임을 만들어 선택의 폭을 늘려야 하는 이유이다. 네임스토밍을 떠나보내야 하는 순간이 왔을 때 나는 당황하지 않았다. 내게는 이미 130개의 네임 후보가 있었고, 만약 모든 네임을 잃는대도 다시 한번 스프린트 과정을 겪으면 그만이었다. 시간만 있다면 이 정도 장애물은 단숨에 넘을 수 있다.

테스트를 위한 최종 후보 명단을 만들자

브랜드 네임 하나하나를 모두 테스트할 수 있다면 좋겠지만 여기 시간이 넘쳐나는 사람이 어디 있단 말인가? 솔직히 말하자면 좋은 브랜드 네임은 슬쩍 보는 것만으로 티가

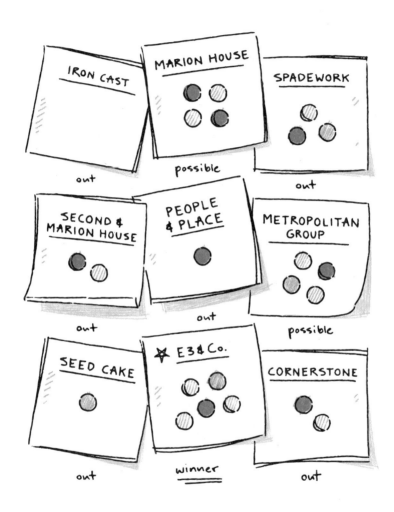

나는 법이다.

테스트하고 싶은 후보 3~10개를 뽑아 최종 후보 명단에 오를 브랜드 네임의 수를 줄이자. 팀원 없이 혼자라면 당신이 가장 마음에 드는 브랜드 네임을 고르자. 네이밍 전략에 가장 잘 맞고, 흥미로우면서 놀라운, 당신을 경악시키거나 웃게 만드는 브랜드 네임이어야 한다. 들었을 때 어떤 감정적 반응을 보이는지가 뛰어난 브랜드 네임을 고르는 데 도움을 주는 기준이 되기도 한다.

팀원들과 함께라면 투표를 하자. 나는 '스티커 투표'를 가장 좋아한다. 스티커 투표는 애자일 개발 방법론에서 자주 쓰이는 선택 기법이다. 각 팀원에게는 동그란 스티커 모양의 표가 5개 주어진다.

탈락한 후보를 제외한 브랜드 네임들을 포스트잇 노트에 적어 벽에 붙이자. 한눈에 보기 쉽도록 질서정연한 격자무늬로 붙여야 한다. 준비되었다면 팀원들에게 가장 마음에 드는 브랜드 네임을 고르도록 한다. 스티커로 투표하기 때문에 팀원들은 자신의 표를 어떻게 분배할지 스스로 결정할 수 있다. 간단히 가장 마음에 드는 '상위 5위'를 선택하거나, 가장 마음에 드는 브랜드 네임에 3표, 그다음으로 마음에 드는 브랜드 네임에 2표를 주는 방식도 좋다.

모두가 투표를 마치고 나면 특정한 패턴이 보인다. 몇몇은 많은 스티커를 얻었을 것이고, 대부분이 한 표도 얻지 못했을 것이다. 스티커 투표의 장점 중 하나는 팀원들이 쉽게 합의점을 찾을 수 있다는 것이다. 가장 많은 표를 받은 브랜드 네임은 누가 봐도 한눈에 보이기 때문이다. 이제 투표 결과에 따라 브랜드의 표적 고객을 상대로 검증할 3~10개의 브랜드 네임을 고르자.

다음 단계로 넘어가기 전 마지막으로 결정자의 검토를 받자. 결정자가 테스트하고 싶은 브랜드 네임이 최종 명단에 포함되어 있는가? 만약 포함되어 있지 않다면 다시 명단에 브랜드 네임을 더하자. 결정자가 선택한 브랜드 네임을 직접 테스트하고 검증하는 것이 아주 중요하다.

상표권 점검하기

상표권은 언젠가는 마주해야 하는 문제다. 상표권이 필요하거나 여러 국가에서 활동할 계획이 있다면 한시라도 빨리 변리사를 고용하자. 여러 국가에서 여러 언어로 쓰이는 상표를 일일이 검색하다 보면 머리가 아플 것이다. 그러나 기껏 네이밍 프로세스를 마치고 좋은 브랜드 네임을 골랐는데, 누군가 이미 사용하고 있다는 이유로 처음부터 다시 시작할 수는 없지 않은가? 기운 빠지는 일이다.

상표권이 꼭 필요하고, 프로젝트의 사활을 결정하는 문제라면 변리사의 도움을 얻는 게 좋다. 브랜드 네임 점수표나 시장성 테스트 단계에 돌입하기 전에, 최종 후보 명단을 검토하고 사용 가능한 브랜드 네임을 찾자. 결과는 보통 며칠 안에 받아볼 수 있다.

브랜드 네임 점수표

브랜드 네임 점수표는 네임이 네이밍 전략에 얼마나 잘 부합하는지 평가하는 분석 도구이다. 어떤 브랜드 네임이 당신의 브랜드에 적합한지 점수를 매기고, 토론하고, 비교해 볼 수 있는 기준을 제공한다.

최종 후보 명단에
점수를 매기자

브랜드 네임의 선택에는 직감보다 더 많은 근거가 필요하다. 그냥 느낌보다는 정보와 정확한 방식으로 브랜드 네임을 비교하는 것이 좋다.

브랜드 네임 점수표는 각각의 브랜드 네임이 네이밍 전략 단계에서 설정한 기준에 잘 맞는지, 또 이후에 실시할 시장성 테스트에서 어떤 결과를 낼지 확인할 수 있는 도구이다. 브랜드 네임 점수표는 스프린트팀이 브랜드에 적합한 네임을 검토하고 선택하는 과정에서 함께 쓸 수 있는 공통의 언어를 제공한다. 또한, 단순한 직감이 아닌 분석적이고 정보 중심적인 의사 결정 과정도 기대할 수 있다.

브랜드 네임 점수표는 각각의 네임을 전략적 적합성, 네임스케이프, 시장 부문으로 나누어 심사한다.

전략적 적합성

선택한 브랜드 네임이 네이밍 전략에서 선정한 기준을 모두 만족시키는가?

◆ **포지셔닝**: 앞서 설정한 브랜드에 관한 설명과 목적을 다시 살펴보자. 당신의 브랜드 네임은 브랜드가 성공할 수 있는 위치에 포지셔닝했는가?

◆ **명확함**: 브랜드 네임을 소리 내 말해 보자. 발음하기 쉽고, 쓰기 쉽고, 기억하기 쉬운가?

◆ **분위기**: 네이밍 전략에서 계획했던 분위기나 브랜드 성향에 어울리는가?

◆ **정서적 연대감**: 개인적인 감정을 떠올려 보자. 브랜드 네임을 들었을 때 어떤 기분이 드는가? 들었을 때 미소가 지어지거나 긴장하게 되는가? 본능적으로 멋진 네임인 것은 알겠지만 그 이유까지는 잘 모르겠는가?

◆ **네이밍 기준 적합성**: 앞서 네이밍 전략 단계에서 세웠던 기준을 충족시키는가?

네임스케이프

경쟁자들 사이에서도 눈에 띄는 브랜드 네임인가?

- **개성:** 당신의 브랜드 네임은 얼마나 특별한가? 브랜드가 속한 산업 분야에서 돋보일 수 있는가?
- **논리:** 브랜드 네임의 타당성을 설명하고 자신의 것으로 만들 자신이 있는가? 네이밍을 하다 보면 애매모호한 문제들과 직면할 때가 있다. 예를 들어 해당 브랜드가 속한 산업 분야와 당신의 브랜드 네임이 서로 아무 관련이 없다고 가정해 보자. 당신이 선택한 브랜드 네임은 브랜드가 가진 목적을 얼마나 잘 뒷받침해 줄 수 있는가?

시장

브랜드가 속한 시장에서 브랜드 네임이 어떤 반응을 불러일으키는지 알아보자. 시장 점수는 시장성 테스트를 통해 점수를 집계한다.

- **감명:** 고객의 마음을 사로잡을 수 있는가?
- **강렬함:** 두 번째 들었을 때 브랜드 네임을 기억하는가?

브랜드 네임 점수표에서 도메인 네임과 소셜 미디어 단축 주소 사용 가능 여부도 확인할 수 있다.

브랜드 네임 점수표로 1~10개의 네임을 테스트하자. stickybranding.com/brandnewname에서 무료 온라인 버전을 찾아볼 수 있다. 당신이 선택한 브랜드 네임의 가치를 가늠해 보자.

고객과 사용자를 대상으로 어떤 브랜드 네임이 가장 좋은 반응을 이끌어 내는지 알아보자.

시장성 테스트

이제 당신의 브랜드 네임이 실상에서도 통하는지 알아볼 시간이다. 고객과 사용자를 대상으로 어떤 브랜드 네임이 가장 좋은 반응을 이끌어 내는지 알아보자. 테스트 참여자의 답변을 기록하고 며칠 후 어떤 브랜드 네임을 기억하는지 확인하자.

놀라울 정도로 간단한
브랜드 네임 테스트 방법

감명과 강렬함의 점수를 측정하기 위해서는 헬베티카 테스트, 로고 테스트, 기억력 테스트를 거쳐야 한다. 고객의 마음을 가장 크게 사로잡는 브랜드 네임과 가장 기억에 남는 브랜드 네임을 알아보는 3단계 프로세스이다.

　가장 처음으로 테스트 방법을 개발했던 것은 부모님의 회사를 네이밍 할 때였다. 수백 개의 브랜드 네임 후보가 있었지만, 최종적으로 명단에 남은 것은 폭스헌트Fox Hunt와 리프잡, 단 둘뿐이었다. 폭스헌트가 조금 더 매력적으로

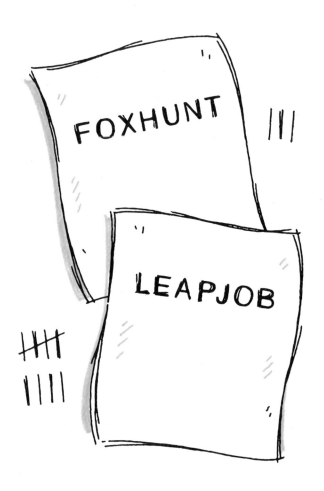

들렸지만, 그래도 표적 시장에 잘 맞는 브랜드 네임인지 확실한 확인이 필요했다. 그러나 전문 마케팅 연구팀을 고용하기에는 예산도, 시간도 부족했기 때문에 결국 우리만의 테스트 방법을 찾아야만 했다.

우리의 테스트 방법은 놀라울 정도로 간단하지만 효과적이었다. 첫째, 각각의 브랜드 네임을 크고 굵은 글씨로 인쇄하자. 나는 한 장에는 리프잡을, 다른 한 장에는 폭스헌트라고 썼다. 두 종이를 고객들에게 주며 물었다. "이 둘을 잘 보세요. 어떤 게 더 마음에 드나요?" 그 후에는 한 발자국 물러서 사람들의 반응을 지켜보았다. 사람들이 고른 브랜드 네임과 두 브랜드 네임에 어떻게 반응하는지를 관찰했다.

둘째, 첫 번째와 같은 방법의 테스트에 임시로 그린 로고 2개를 더해 보았다. 언젠가 룰루레몬^{lululemon}에서 배운 방법이다. 그들은 이렇게 말했다. "룰루레몬은 100명의 설문 참여자가 20개의 브랜드 네임 후보와 로고 중에서 선택한 브랜드 네임입니다. 현재 사용되는 로고는 사실, 투표에서 떨어진 '아틀레리컬리 힙$^{athletically\ hip}$'이라는 브랜드 네임에서 만들어진 로고입니다. 브랜드 네임의 첫 자 'A'를 따 양식화했지요."

정말 좋은 아이디어라고 생각했다. 가장 많은 공감을 불러일으킬 브랜드 네임과 특정 이미지에 대한 반응을 함께 알 수 있는 방법이었다. 로고와 브랜드 네임을 함께 테스트한다면 소비자에게서 더 많은 정보를 얻을 수 있다.

브랜드 네임이 로고 없이 혼자 존재하는 경우는 드물기 때문이다.

나는 참여자에게 로고를 보여주며 다시 물었다. "다시 잘 보세요. 어떤 게 더 마음에 드나요?"

2가지 테스트에 참여한 사람들의 흥미로운 반응에서 전혀 예상하지 못한 답을 들을 수 있었다. 참여자 중 일부, 특히 여성들은 폭스헌트라는 브랜드 네임에서 피비린내와 동물 학대의 이미지를 연상했다. 당연하게도 원했던 브랜드의 이미지와는 상반되는 이미지였다. 한편, 리프잡은 'leafrogging('개구리처럼 등을 짚고 뛰어넘는 놀이'나 '뛰어넘다'를 의미한다)'이라는 단어를 연상시켰고, 이는 좋은 커리어를 찾아 빠르게 앞으로 나아가는 전문인의 이미지로 연결되었다. 앞을 향해 뛰어나가는 개구리가 긍정적인 인상을 심어준 것이다.

마지막으로 실시한 기억력 테스트 역시 전혀 예상하지 못한 반응을 끌어냈다. 헬베티카 테스트와 로고 테스트를 진행한 지 5일 후, 나는 테스트에 참여했던 개인에게 전화를 걸어 물었다. "그때 어떤 브랜드 네임을 골랐는지 다시 한번 말해 줄 수 있나요?" 흥미롭게도 참여자의 3분의 2가 "리프프로그"라고 대답했다. 내가 "리프잡을 말하는 거죠?"라고 묻자 다들 웃으며 동의했다. 그들은 그 순간부터 절대 리프잡이라는 브랜드 네임을 잊지 못했을 것이다.

처음에는 무언가 잘못되었다고 생각했다. "다들 브랜드 네임을 잘못 기억하고 있는데, 혹시 실수한 건 아닐

까?"라는 생각을 지울 수 없었다. 하지만 시간이 지나자 진가를 알 수 있었다. 리프잡이 연상시키는 개구리의 이미지는 독특한 브랜드 네임이 가지는 긍정적 특성의 일부였다. 우리 브랜드만의 이야기를 만들고 사람들을 웃게 만드는 특성 말이다. 우리는 두 브랜드 네임 모두를 점수표로 심사했고, 결과는 뻔했다. 결국, 리프잡이 선정되었다.

테스트 준비

1 각 브랜드 네임에 맞는 로고를 만들자. 5개 이하가 가장 적당하다. 세련되거나 어마어마할 필요 없이 프로토타입 정도면 충분하다. 그래픽 디자이너가 있다면 간단한 로고를 부탁하자.

2 설문지를 준비하자.
- 종이 한가운데에 각 브랜드 네임을 크기 72포인트의 진한 헬베티카 폰트(한글 이름인 경우 고딕체로) 인쇄하자.
- 종이 한가운데에 각 로고를 인쇄하자.

3 테스트에 참여할 10명에서 20명의 참가자를 선별하자. 표본의 크기가 적당히 커야 신뢰도 높은 결과를 얻는다.

테스트를 시작하자

시장성 테스트는 직접 대면하며 진행하는 것이 가장 좋다. 전화나 다른 매체를 통할 때보다 브랜드 네임과 로고를 보는 사람들의 반응을 더 가까이서 관찰할 수 있기 때문이다. 테스트를 주도할 때는 질문을 하고 관찰하는 것이 중요하다. 당신의 의견이나 취향은 잠시 넣어두자. 무심코 참여자의 대답에 영향을 끼칠 수 있다.

우선 브랜드 네임을 3단계에 걸쳐 소개하자. 순서대로 헬베티카 테스트와 로고 테스트를 진행하고, 5일 후에는 전화로 기억력 테스트를 진행하자.

스프린트 팀원들도 자유롭게 테스트 과정에 참여할 수 있다. 1명이나 2명, 혹은 팀원 전체가 참여해도 된다. 각 팀원이 일정한 수의 고객이나 사용자들에게 연락해 테스트 참여를 요청하도록 하자. 브랜드 네임 점수표에 모두의 답변을 기록하면 된다.

모든 이름이 다 똑같지는 않다.

정보를 얻고, 경청하고, 관찰해야만 당신의 브랜드에 어울리는 네임을 선택할 수 있다.

헬베티카 테스트

1. 헬베티카 테스트를 위해 준비했던 인쇄물을 나눠주고 이렇게 묻자. "각각의 브랜드 네임을 확인해 주세요. 어떤 브랜드 네임이 가장 마음에 드나요?"
2. 조용히 입을 다물고 참여자가 무슨 말을 하는지 듣자. 참여자의 답변에 당신의 의견을 더하지 말라. 당신이 해야 할 일은 참여자의 말을 경청하는 것이다. 상황에 따라 참여자의 반응을 이해하기 위한 질문 몇 가지 정도를 물어볼 수 있다.
3. 답변을 기록하자. 누가 어떤 브랜드 네임을 선택했는지와 선택의 이유를 추가로 설명했다면 그 내용 정도만 기록하면 된다.

로고 테스트

1. 헬베티카 테스트의 결과를 집계했다면 이번에는 로고들을 보여주자. 똑같이 묻자. "어떤 로고가 가장 마음에 드나요?"
2. 답변을 기록하자. 로고 디자인에 보인 반응이나 참여자가 제공한 피드백도 기록하자. 후에 브랜드 아이덴티티 개발에 유용하게 쓰일 수 있다.

헬베티카 테스트와 로고 테스트가 끝났다면 브랜드 네임 점수표에 결과를 기록하자. 각 점수표에는 테스트 참여자의 수와 브랜드 네임이 얻은 표수를 기재해야 한다.

기억력 테스트

1. 헬베티카 테스트와 로고 테스트를 진행한 날로부터 5일 후에 참여자에게 전화를 걸어 묻자. "그때 어떤 브랜드 네임을 골랐는지 다시 한번 말해 줄 수 있나요?"
2. 어떻게 답변하는지 잘 들어야 한다. 브랜드 네임을 즉시 떠올릴 수 있었는가? 떠올리는 데 시간이 걸렸는가? 잘못 기억하고 있는가? 처음의 답변과 다른 브랜드 네임을 선택했는가?
3. 참여자의 답변을 기록하자.
4. 참여자의 답변을 모두 모았다면 브랜드 네임 점수표에 결과를 기록하자.

결정의 시간

테스트 결과가 나왔다. 연구 자료와 정보도 있다. 이제 선택만 하면 된다. 당신의 브랜드에 어울리는 네임은 어떤 것인가?

곰 3마리

브랜드 네이밍에서 가장 힘든 부분은 바로 선택하는 일이다. 가끔은 많이 고민할 필요 없이 쉽게 선택할 수 있다. 다른 브랜드 네임들 사이에서 툭 튀어나와 반드시 선택해야만 하는 브랜드 네임이 선명하게 보일 때가 있기 때문이다. 제임스 로한이 《미스터 앤 미세스 스미스》를 운명으로 느꼈듯이 완벽하게 느껴지는 네임이 존재한다. 그러나 모든 선택이 이렇게 쉽게 일어나지는 않는다.

예를 들어 이 책의 원제목에는 다섯 개의 후보가 있었지만, 최종적으로는 《-을 네이밍하자!》, 《모든 것은 이름에서부터 시작한다》, 《브랜드 뉴 네임》 셋만이 마지막 후보로 남았다. 세 브랜드 네임의 점수표 결과는 비등했지만

《모든 것은 이름에서부터 시작한다》가 조금 더 앞서는 상황이었다. 스프린트팀의 결정자였던 나는 직장 동료 사라^{Sarah}의 도움을 받기까지 며칠이나 셋 사이에서 고민했다. 그녀는 브랜드 네임들이 《골디락과 곰 세 마리^{Goldilocks and the Three Bears}》와 같다고 했다.

◆ 책이 당장 네이밍 프로젝트를 진행해야 하는 사람을 위한 실용석인 설명서라면 《-을 네이밍하자!》를,
◆ 브랜드 네임보다 더 다양한 종류의 이름을 다루고, 폭 넓은 독자층을 노린다면 《모든 것은 이름에서부터 시작한다》를,
◆ 우리 팀이 본래 목표로 했던 독자층을 겨냥하지만 모든 분야의 독자들이 읽어도 유용한 책이라면 《브랜드 뉴 네임》을 선택하면 되는 것이다.

사라의 비유를 들은 나는 그제서야 결정을 내릴 수 있었다. 《브랜드 뉴 네임》이 딱 알맞았다.

결정의 시간이 다가오면 마음속에 브랜드 네임을 위한 자리를 마련하자. 가장 많은 점수를 얻었다고 꼭 선택해야 하는 것은 아니다. 브랜드 네임 선택이 전략을 고려해야 하는 결정인 만큼, 본능과 정보를 이용해 당신의 네이밍 전략에 가장 적합한 브랜드 네임을 고르면 된다. 스프린트팀의 도움도 활용하자. 서로의 지식과 통찰력으로 선택지를 논하자. 좋은 브랜드 네임이 갑자기 튀어나올 리는 없

지만 아무래도 좋다. 마침내 모두의 의견이 일치하면 이제 결정하자. "우리가 알고 있는 바에 의하면, 이 브랜드 네임이 가장 타당하다고 생각됩니다……."

결국, 선택권은 최종 결정자에게 있다.
결과를 받아들이자. 대신 당신이 자랑스러워 할 수 있는 브랜드 네임을 골라야 한다.

너무 빠르지도, 너무 느리지도 않게

꼭 오늘 브랜드 네임을 골라야 하는 것은 아니지만 너무 오래 기다리지 않았으면 좋겠다. 스스로 최종 결정을 내려야 하는 마감일을 정해 보자.

서두르면 결국 차선의 선택과 타협하게 될 수도 있다. 극단적으로 이야기하면 너무 오랫동안 기다려도 결과는 같다. 마감일 없이는 특별하게 정해진 것 하나 없이 시간만 흐를 뿐이다. 네이밍을 미루면 미룰수록 당신의 브랜드가 세상에 빛을 발하는 날이 늦춰지게 된다. 당연한 소리지만 비즈니스의 세계에서 시간은 돈이다. 하루라도 빨리 네이밍 프로세스를 마치고 브랜딩 프로세스에 돌입하고 싶지 않은가?

네이밍은 당신만의 브랜드를 만들기 위한 가장 첫 단계일 뿐이라는 사실도 기억하자. 일단 브랜드 네임만 정해진다면 브랜드 로고, 제품의 패키지, 마케팅 자료 개발은 물론 전 세계에 당신의 브랜드를 홍보할 수 있다. 당신이 선보이고 싶은 제품에 생명을 불어넣는 것이다.

당신이 선택한
브랜드 네임을 써 보자.

당신의 브랜드는 어떤 네임을 가지게 되었는지 내게도 알려주길 바란다.

네이밍에는 강력한 힘이 있다. 사물에 이름을 붙이는 것은 말할 수 없이 신나는 일이고, 당신이 부여한 브랜드 네임에는 곧 브랜드가 지닐 의미와 경험이 담길 것이다. 그러니 더는 기다리지 말자. 당신에게는 훌륭한 선택지와 정보가 있지 않은가. 전략을 검토하고, 미래를 고민하고, 결단을 내리자. 흥미진진한 브랜드 빌딩은 브랜드 네임을 결정하면서 시작된다.

축배를 들자!
브랜드 네임 선택은 아주 굉장한 일이다

당신이 해냈다! 당신의 팀이 해내고야 말았다! 자랑스러운 브랜드 네임을 고르다니, 오늘을 기념해야 한다. 오늘은 당신의 브랜드가 태어난 날이다. 오늘을 브랜드 구축 프로세스 중 일어난 작은 사건으로 치부하지 말자. 당신과 당신의 팀은 축하받을 자격이 있다. 팀원들에게 고마움을 표하고, 자축하고, 선물을 나누자.

프로젝트 내내 네이밍 스프린트에 참여한 이들에게 상품권을 나누어 주었으니 이번에는 최종 후보 명단에 브랜드 네임을 올린 사람들에게 보상할 차례이다. "월차가 결재되었습니다."와 같은 사무적인 공지 말고, 휴가를 보장하는 증서를 나눠주자. 모두의 앞에서 네이밍 프로세스를 가능하게 만든 주역들에게 사례하자.

살면서 이만한 성취를 축하할 기회가 얼마나 자주 있겠는가? 심지어 성공적인 네이밍의 결과는 실체도 뚜렷하다. 파티를 열고 마음껏 축배를 들자!

당신의 브랜드에 생명을 불어넣자

브랜드 네이밍의 하이라이트는 당신이 선택한 브랜드 네임이 브랜드에 생명을 불어넣는다는 점이다. 당신이 거쳐 갈 모든 고객, 직원들, 혁신, 발자취가 당신의 브랜드를 진보시킬 것이다. 이 과정을 거치며 당신의 네임은 브랜드를 잊지 못하게 만들 의미와 경험으로 가득 차게 될 것이다.

이것이 바로 브랜드 빌딩이다. 브랜딩은 단발성 이벤트나 프로젝트가 아닌 멀리 봐야 하는 여행이다. 브랜드 네임의 선택은 여행의 시작일 뿐이다. 브랜드와 네임은 함께 성장한다. 당신이 내딛는 모든 발걸음이 당신이 선택한 브랜드 네임에 생명과 의미를 부여하게 되리라.

여행의 시작은 조금 어색하게 느껴질 수도 있다. 브랜드 네임이 아직 익숙하지 않을 뿐이다. 다들 흔하게 겪는 일이고, 쓰면 쓸수록 더 정이 드는 법이다. 점점 더 마음에 들게 될 것이다. 선택 단계에서 열심히 고민했던 독특하거나 어색한 요소들은 당신의 브랜드와 떼려야 뗄 수 없는 사랑스러운 요소로 변하리라.

당신과 당신의 팀은 성공을 향한 만반의 준비를 마쳤다. 당신이 브랜드 네임을 위해 쏟은 노력과 정성만 봐도 브랜드가 가진 엄청난 잠재력을 짐작할 수 있다. 이를 선택하는 방식은 당신과 당신의 기업에 대해 많은 것을 알려준다. 너무나 당연하게도, 당신은 자신의 브랜드를 소중하게 여기고 있다. 이는 앞으로 당신과, 당신의 사업과, 브랜드가 맞이하게 될 미래를 환하게 밝혀줄 것이다.

최고의 브랜드를 키워내는 기업에는 최고의 마케팅 전문가가 있다. 엄청난 예산이나 최신 기술을 보유했다는 뜻이 아니다. 단지 기업, 고객, 브랜드와 관련된 투자 선택을 신중히 한다는 뜻이다. 브랜드 네이밍을 위해 거쳐 온 신중한 과정이 브랜드를 향한 당신의 애정을 증명한다. 당신 앞에 다가올 미래에 가슴이 설렌다.

닥터 수스Dr. Seuss는 이렇게 말했다. "특별해지기 위해 태어났는데 왜 다른 사람과 같아지려고 애쓰는가?"

내가 가장 좋아하는 명언 중 하나이고, 내가 브랜딩을 바라보는 시각이기도 하다. 브랜딩을 구성하는 요소는 셀 수 없이 많지만, 브랜드를 키우는 방법은 생각보다 단순하다. 사람들의 눈에 띌 수 있는 특별한 브랜드를 확립하고, 누구도 잊지 못할 브랜드 네임을 선택하면 된다.

'훌륭한 명성은 큰 재산보다 낫고, 존경은 금은보화보다 중요하다.'라는 속담이 있다. 이름은 당신의 명성과 같다. 마찬가지로 세상이 어떻게 인식하든 상관없이, 브랜드 네임 자체가 브랜드의 명성과 같다. 당신이 네이밍에 쏟은 정성과 노력은 이미 브랜드의 명성을 구축하기 시작했다. 지금부터 할 일은 간단하다. 멋진 기업을 만들자. 우수한 제품과 서비스를 개발하고, 고객에게 최고의 경험을 선사하사. 능력과 기획에 자신 있는 드림팀을 모집하자. 당신의 브랜드 네임에 생명을 불어넣고, 절대 잊지 못하게 만드는 확실한 방법이다.

당신의 브랜드가 성장할 모습이 기대된다!

"특별해지기
위해 태어났는데
왜 다른 사람과
같아지려고
애쓰는가?"

영어 네이밍에 유용한 웹 사이트 모음

영어 사전

Dictionary.com | www.dictionary.com
간단하고 쉽게 탐색할 수 있는 사전이다.

Merriam-Webster | www.merriam-webster.com
발음과 처음 알려진 사용법을 포함하고 있는 유서 깊은 사전이다.

OneLook Dictionary | www.onelook.com
여러 사전에서 나온 결과를 한 번에 보여주는 사전이다.

Sideways Dictionary | https://sidewaysdictionary.com
기술 용어 사전이다.

유의어 사전

Thesaurus.com | www.thesaurus.com
Dictionary.com의 자매 사이트로, 단어를 검색하고 발견하기 쉽다.

OneLook Thesaurus | www.onelook.com/thesaurus
막연히 연관된 단어들의 목록을 생성하는 데 도움이 되는
강력한 유의어 사전이다.

Moby | http://moby-thesaurus.org
특이한 것에 대한 유의어 사전으로, 특이한 단어의 관계들
로 가득하다.

단어 놀이

RhymeZone | www.rhymezone.com
라임이 있는 사전이다. 영어 단어와 쉽게 가까워질 수 있다.

Etymology Online | www.etymonline.com
영어 단어의 어원과 역사가 담겨 있다.

번역

Google Translate | https://translate.google.com
쉽게 사용할 수 있는 온라인 외국어 번역기이다.

Linguee | www.linguee.com
신뢰할 수 있는 번역본을 백만 개 이상 제공하는 소중한
번역기이다.

나쁜 단어 피하기

Word Safety | http://wordsafety.com
여러 언어를 검색하여 혹시 당신이 만든 이름이 모욕적인
뜻인지 확인할 수 있다.

Urban Dictionary | www.urbandictionary.com
속어와 상스러운 말로 가득한 사이트. 당신이 만든 이름에
부적절한 의미가 있는지 알아볼 수 있다.

**Green's Dictionary of Slang |
https://greensdictofslang.com**
Urban Dictionary와 마찬가지로, 속어와 은어를 검색할
수 있다.

상표 검색

**WIPO Global Brand Database | www.wipo.int/
branddb/en/index.jsp**
국제적으로 보호받는 상표를 검색할 수 있다.

Justia Trademarks | https://trademarks.justia.com
미국 상표를 무료로 검색할 수 있다.

**TESS: Trademark Electronic Search System |
http://tmsearch.uspto.gov**
미국 특허청의 공식적인 상표 검색 사이트다.

**Canadian Trademarks Database | www.ic.gc.ca/
app/opic-cipo/trdmrks/srch/home**
캐나다 정부가 운영하는 공식적인 상표 검색 사이트다.

Markify | www.markify.com

유료 상표 검색 엔진. 무료 사이트보다 더 정교한 도구들을 제공한다.

도메인, 앱, 소셜 미디어

Panabee | www.panabee.com

도메인 이름, 앱 이름, 사업체 이름을 한 번에 검색할 수 있다.

I Want My Name | https://iwantmyname.com

최고 수준의 여러 도메인 중 사용 가능한 이름의 존재 여부를 알 수 있는 강력한 도메인 검색 엔진이다.

Domain Maker | www.bustaname.com/word_maker

당신의 핵심 브랜드 네임과 관련된 설명어 또는 단어를 기반으로 사용 가능한 도메인 이름을 생성하는 데 유용한 마법사이다.

KnowEm | https://knowem.com

500개 이상의 유명 소셜 네트워크 사이트에서 브랜드 네임을 단축 주소(인터넷에서 원래의 긴 URL 주소로 바로 연결되는 짧은 주소로, URL을 외우거나 공유하기 쉽게 할 목적으로 이용됨)로 사용할 수 있는지 확인할 수 있다.

감사의 글

반대로 생각하는 사람도 있겠지만, 책을 쓰는 것은 팀과 함께해야 한다. 표지에는 내 이름만 나와 있지만, 많은 사람의 공통된 비전과 헌신, 열정이 없었다면 가능한 일이 아니었을 것이다. 이 책이 탄생하는 데 도움을 준 모든 분께 영원히 감사드린다.

출판사 페이지 투Page Two는 출판에 대한 완전히 새로운 관점을 보여주었기에 즐거운 작업이 되리라 생각했다! 내가 가장 좋아하는 기억 중 하나는 페이지 투의 공동창업자 제시 핀켈스타인Jesse Finkelstein이 내 가운데 이름을 물었을 때였다. 내가 조금 놀라며 "마커스Marcus"라고 답하자 그녀는 즉시 엄지손가락을 치켜들며 단호하게 말했다. "제레미 마커스 밀러 씨, 참 좋은 책을 썼어요!" 그렇게 시작된 강의는 한 시간 동안 계속되었고 그녀는 내게 진지한 이야기를 해 주었다.

나는 글을 쓸 때 완벽주의자가 되곤 한다. 그리고 제시는 내가 정상 궤도에 오르기까지 필요한 것이 무엇인지 정확히 알고 있었다. 그것은 바로 동료애와 지지로, 출판사와 함께한 작업을 매우 즐겁게 해 주었다.

로니 가논Rony Ganon은 우리가 계속 계획에 맞춰 일하도록 해 주었다. 폴 타운톤Paul Taunton은 나의 완벽주의를 선선히 관리해 주었으며, 그는 내가 자랑스러워할 수 있는 책을 쓰도록 요구했다. 제니 고비에Jenny Govier와 앨리슨 스트로벨Alison Strobel이 세부 내용에 기울여 준 관심은 최고였다. 그들이 내 책을 편집하게 되어 기뻤다. 피터 코킹Peter Cocking의 디자인은 당신이 보고 있는 대로 아름다우며, 난 그걸 정말 사랑한다.

참고 문헌

잊지 못할 브랜드를 만들자

1 Eve Ensler, The Vagina Monologues (New York: Villard Books, 2008), 85.

2 U.S. Small Business Administration Office of Advocacy, "United States Small Business Profile," 2017, www.sba.gov/sites/default/files/advocacy/United_States_1.pdf.

3 Will Oremus, "The Internet Has Run Out of Four-Letter Dot-Com Names," Slate, December 4, 2013, https://slate.com/technology/2013/12/four-letterdomain-names-zero-unclaimed-llll-dot-coms-left-on-the-internet.html.

4 "The Verisign Domain Report: Q4 2018," Domain Name Industry Brief 16, no. 1 (March 2019), www.verisign.com/en_US/domain-names/dnib/index.xhtml.

5 "How Many Words Are There in English?" Merriam-Webster (website), accessed December 2018, www.merriam-webster.com/help/faq-how-many-english-words.

6 "2nd Quarter FY 2019, at a Glance," United States Patent and Trademark Office, accessed December 2018, www.uspto.gov/dashboards/trademarks/main.dashxml.

7 M.G. Siegler, "Picture This: Yahoo Finally Takes Control of Flicker.com for Flickr," TechCrunch, June 14, 2010, https://techcrunch.com/2010/06/14/flickr-flicker.

8 David A. Aaker, Managing Brand Equity: Capitalizing on the Value of a Brand Name (New York: The Free Press, 1991), 187.

9 Ross Tucker, "Coke Tops List of the World's Most Chosen Brands," Kantar US Insights, May 16, 2018, https://us.kantar.com/business/brands/2018/worlds-most-chosen-brands-2018.

10 "The Design Sprint," Google Venture (website), accessed December 2018, www.gv.com/sprint.

브랜드 네임은 전략적이다

1 Al Ries and Jack Trout, Positioning: The Battle for Your Mind (New York: McGraw-Hill, 2001), 19.

2 A.G. Lafley and Roger L. Martin, Playing to Win: How Strategy Really Works(Boston: Harvard Business School Publishing, 2013), 61.

3 Jason Mick, "Apple: We Say No to Good Ideas Every Day," Small Biz Link, 2009, http://smallbizlink.monster.com/news/articles/897-apple-we-say-no-to-goodideas-every-day.

4 Richard Rumelt, Good Strategy/Bad Strategy: The Difference and Why It Matters(New York: Crown Business, 2011), 6–7, 46–47.

5 Kiplinger Service for Families, "News behind the Ads: The Story behind . . .Kodak Trademark," Changing Times: The Kiplinger Magazine 16, no. 4(April 1962): 40.

6 Shaun Usher, "Utopian Turtletop," Lists of Note, February 8, 2012, www.listsofnote.com/2012/02/utopian-turtletop.html.

브랜드 네임의 구조

1 Alex Frankel, Wordcraft: The Art of Turning Little Words into Big Business (New York: Three Rivers Press, 2004), 107–113.

2 Jim Kardach, "Tech History: How Bluetooth Got Its Name," EE Times, May 3, 2008, www.eetimes.com/document.asp?doc_id=1269737.

말이 가진 설득의 힘

1 Daniel F. Cuff, "Family Success Story at Häagen-Dazs Chain," New York Times, June 8, 1983, www.nytimes.com/1983/06/08/business/business-people-familysuccess-story-at-haagen-dazs-chain.html.

2 Joan Nathan, "Ice Cream's Jewish Innovators," Tablet, August 2, 2012, www.tabletmag.com/jewish-life-and-religion/108106/ice-creams-jewish-innovators.

3 Valentyna Melnyk, Kristina Klein, and Franziska Völckner, "The Double-Edged Sword of Foreign Brand Names for Companies from Emerging Countries," Journal of Marketing 76, no. 6 (June 2012): 21–37, www.researchgate.net/publication/259675418_The_Double-Edged_Sword_of_Foreign_Brand_Names_for_Companies_from_Emerging_Countries.

4 Edward M. Hubbard and Vilayanur S. Ramachandran, "Hearing Colors, Tasting Shapes," Scientific American, September 1, 2006, www.scientificamerican.com/article/hearing-colors-tasting-shapes.

5 Wolfgang Köhler, Gestalt Psychology (New York: H. Liveright, 1929), 224–225. Pages available online in "Phonaesthesia," Ofazomi.org, June 15, 2010, www.ofazomi.org/blog/2010/06/15/phonaesthesia.

6 Margaret Molloy, "Why Simple Brands Win," Harvard Business Review, November 9, 2015, https://hbr.org/2015/11/why-simple-brands-win.

7 Adam Alter, "The Power of Names," The New Yorker, May 29, 2013, www.newyorker.com/tech/annals-of-technology/the-power-of-names.

8 Adam Alter, "The Secret Science of Stock Symbols," The New Yorker, November 14, 2013, www.newyorker.com/business/currency/the-secretscience-of-stock-symbols.

9 Simon M. Laham, Peter Koval, and Adam L. Alter, "The Name-Pronunciation Effect: Why People Like Mr. Smith More Than Mr. Colquhoun," Journal of Experimental Social Psychology 48, no. 3 (May 2012): 752–756, https://ppw.kuleuven.be/okp/_pdf/Laham2012TNPEW.pdf.

10 Slack (@SlackHQ), "Our name may seem funny. . . ," Twitter, February 7, 2014, 10:48 a.m., https://twitter.com/SlackHQ/status/431862004895076352.

내면의 창의력을 발휘하자

1 Kyung Hee Kim, "The Creativity Crisis: The Decrease in Creative Thinking Scores on the Torrance Tests of Creative Thinking," Creativity Research Journal 23, no. 4 (2011): 285–295.

2 Kyung Hee Kim, "2017 Creativity Crisis Update: How High-Stakes Testing Stifles Innovation," The Creativity Post, April 17, 2017, www.creativitypost.com/education/the_2017_creativity_crisis_update_how_high_stakes_testing_has_stifled_innov.

3 Reid Hoffmann, "Innovation = Managed Chaos," Masters of Scale (podcast), accessed December 2018, https://mastersofscale.com/#/innovationmanaged-chaos.

4 Paul B. Paulus, Nicholas W. Kohn, and Lauren E. Arditti, "Effects of Quantity and Quality Instructions on Brainstorming," Journal of Creative Behavior 45, no. 1 (March 2011): 38–46, https://onlinelibrary.wiley.com/doi/abs/10.1002/j.2162-6057.2011.tb01083.x.

1단계: 계획

1 Paola Norambuena et al., "In a Word: What to Expect When You're Naming," Interbrand (website), 2018, www.interbrand.com/wp-content/uploads/2018/02/In-a-Word-Interbrand.pdf.

2 Joel Gascoigne, "How to Name Your Startup," Buffer (website), January 17, 2014, https://blog.bufferapp.com/how-to-name-your-startup.

3 Rodolphe Dutel, "We Acquired Buffer.com: Here Is How and Why We Did It," Buffer (website), March 10, 2015, https://open.buffer.com/acquired-buffer-com.

4 Jake Knapp, Sprint: How to Solve Big Problems and Test New Ideas in Just Five Days (New York: Simon & Schuster, 2016), 32n.

5 Leigh Thompson, "Improving the Creativity of Organization Work Groups," Academy of Management Executive 17, no. 1 (2003): 96–109, http://homepages.se.edu/cvonbergen/files/2013/01/Improving-the-Creativity-of-Organizational-Work-Groups.pdf.

6 Jerry Seinfeld in Comedian, directed by Christian Charles (Miramax, 2002).

2단계: 스프린트

1 Tim Walsh, Wham-O Super-Book: Celebrating 60 Years inside the Fun Factory(San Francisco: Chronicle Books, 2008), 73–84.

2 Eric Troy, "How Did Starbucks Coffee Get Its Name?" Culinary Lore, June 17, 2015, https://culinarylore.com/food-history:how-did-starbucks-coffee-getits-name.

3 "Fascinating Facts You Never Learned in School," WD-40 (website), accessed March 2019, www.wd40.com/cool-stuff/history.

4 Evan Morris, From Altoids to Zima: The Surprising Stories behind 125 Famous Brand Names (New York: Fireside, 2004), 167–168.

5 "Company History," Patagonia (website), accessed March 2019, www.patagonia.com/company-history.html.

6 Cheerios (@Cheerios), "Great question! Before Cheerioats hit the market in 1941 . . . ," Twitter, March 22, 2018, 11:14 a.m., https://twitter.com/cheerios/status/976839563078524935.

3단계: 선택

1 "History," lululemon (website), accessed September 2011, www.lululemon.com/about/history.

스타트업 브랜드 네이밍
잘 팔리는 이름을 만드는 기술

초판 발행 | 2021년 12월 27일
1판 2쇄 | 2023년 4월 20일
펴낸곳 | 유엑스리뷰
발행인 | 헌호영
지은이 | 제레미 밀러
옮긴이 | 김지현
디자인 | 장은영
주   소 | 서울시 마포구 백범로 35, 서강대학교 곤자가홀 1층
팩   스 | 070.8224.4322
이메일 | uxreviewkorea@gmail.com

ISBN 979-11-88314-95-9

BRAND NEW NAME
A Proven, Step-by-Step Process to Create an Unforgettable Brand Name
by Jeremy Miller

유엑스리뷰는 가치 있는 지식과 경험을 많은 사람과
공유하고자 하는 전문가 여러분의 소중한 원고를 기다립니다.
투고는 유엑스리뷰의 이메일을 이용해주세요.
✉ uxreviewkorea@gmail.com